PEQUENO TRATADO DO
DECRESCIMENTO SERENO

Serge Latouche

•

PEQUENO TRATADO DO DECRESCIMENTO SERENO

Tradução
Claudia Berliner

wmf martinsfontes

Esta obra foi publicada originalmente em francês com o título
PETIT TRAITÉ DE LA DÉCROISSANCE SEREINE
por Librairie Arthème Fayard, Paris
Copyright © Mille et une nuits, département de la Librairie Arthème Fayard, 2007.
Copyright © 2009, Editora WMF Martins Fontes Ltda.,
São Paulo, para a presente edição.

1ª edição 2009
2ª tiragem 2022

Tradução
CLAUDIA BERLINER

Acompanhamento editorial
Luciana Veit
Revisões
Maria Fernanda Alvares
Letícia Braun
Produção gráfica
Geraldo Alves
Paginação
Studio 3 Desenvolvimento Editorial
Foto da capa
Pete Starman, Fardos de papel em centro de reciclagem *(detalhe),*
The Image Bank / Getty Images

Dados Internacionais de Catalogação na Publicação (CIP)
(Câmara Brasileira do Livro, SP, Brasil)

Latouche, Serge
 Pequeno tratado do decrescimento sereno / Serge Latouche ; tradução Claudia Berliner. – São Paulo : Editora WMF Martins Fontes, 2009.

 Título original: Petit traité de la décroissance sereine
 Bibliografia.
 ISBN 978-85-7827-201-2

 1. Decrescimento sustentável 2. Desenvolvimento sustentável 3. Economia ambiental I. Título.

09-10179	CDD-338.927

Índices para catálogo sistemático:
1. Decrescimento sustentável : Economia   338.927

Todos os direitos desta edição reservados à
Editora WMF Martins Fontes Ltda.
Rua Prof. Laerte Ramos de Carvalho, 133 01325.030 São Paulo SP Brasil
Tel. (11) 3293.8150 e-mail: info@wmfmartinsfontes.com.br
http://www.wmfmartinsfontes.com.br

ÍNDICE

Preâmbulo... VII
Introdução.. XI

I. O território do decrescimento 1
   Um ovni no microcosmo politiqueiro 1
   O que é o decrescimento? 4
   A batalha das palavras e das ideias 7
   As duas fontes do decrescimento 12
   A adição ao crescimento 16
   A alga verde e o caracol 23
   Uma pegada ecológica insustentável 27
   Uma falsa solução: reduzir a população .. 30
   A corrupção política do crescimento 36

II. O decrescimento: uma utopia concreta ... 39
   A revolução do decrescimento 39

O círculo virtuoso do decrescimento sereno 42
O decrescimento como projeto local 58
Reduzir significa regredir? 71
O desafio do decrescimento para o Sul ... 78
O decrescimento é reformista ou revolucionário? 91

III. O decrescimento: um programa político 95
Um programa eleitoral 96
Trabalho para todos numa sociedade de decrescimento 108
Sair da sociedade trabalhista pelo decrescimento 115
O decrescimento é assimilável no capitalismo? 126
O decrescimento é de direita ou de esquerda? 132
Precisamos de um partido do decrescimento? 135

Conclusão
O decrescimento é um humanismo? 139

Bibliografia 153

Preâmbulo

"Se o integrismo do crescimento que hoje rege o mundo continuar por esse caminho, ele justificará um integrismo naturalista que considere a indústria como o Mal."

Bernard Charbonneau[1]

Numa simpática resenha no *Monde diplomatique*, meu opúsculo anterior, *Survivre au développement. De la décolonisation de l'imaginaire économique à la construction d'une société alternative*[2] [Sobreviver ao desenvolvimento. Da descolonização do imaginário econômico à construção de uma sociedade alternativa], foi qualificado de "breviário do decrescimento"[3]. É um juízo um tanto abusivo por dois motivos: por um lado, porque no livro o projeto de uma sociedade de decrescimento estava apenas esboçado a título de conclusão da obra e, também, porque ainda não tinha sido produzida a análise detalhada de que aquele projeto seria o

1. *Une seconde nature*, Pau, 1981, p. 108.
2. Paris, Mille et une nuits, 2004.
3. Por Nicolas Truong, *Le Monde diplomatique*, janeiro de 2005.

compêndio. Em *Survivre au développement*, o decrescimento era uma das duas vias propostas, sendo a outra o "localismo". Por outro lado, o círculo virtuoso do decrescimento convivial compreendia apenas seis "erres" contra os oito de hoje[4]. O localismo, precisamente, foi introduzido e integrado nesse círculo na forma da *re*localização, e a reconceituação foi acrescentada. Além disso, aquele primeiro esboço não propunha nenhuma reflexão sobre a transição política possível para realizar a utopia do decrescimento no Norte ao mesmo tempo que o Sul era mantido à parte. Um projeto mais elaborado de sociedade alternativa já existe com *Le Pari de la décroissance*[5] [A aposta no descrescimento], que a revista *L'Écologiste* também qualificou de "bíblia" do decrescimento[6]...

Contudo, a ideia de produzir um texto curto, que fosse um compêndio do *corpus* das análises já disponíveis sobre o decrescimento, continuou prevalecendo. Apesar de retomar de maneira sintética as principais conclusões do *Pari de la décroissance*, que o leitor desejoso de saber mais está convidado a consultar, este opúsculo tem sua originalidade própria. Ele integra os novos desenvolvimentos da reflexão sobre o tema, em particular aqueles produ-

---

4. Recordemos esses oito objetivos interdependentes capazes de iniciar um círculo virtuoso de decrescimento sereno, convivial e sustentável: reavaliar, reconceituar, reestruturar, redistribuir, relocalizar, reduzir, reutilizar, reciclar.

5. *Le Pari de la décroissance*, Paris, Fayard, 2006.

6. *L'Écologiste*, n.º 20, setembro-novembro de 2006.

zidos nos debates realizados pela revista *Entropia*[7]. Nele, a preocupação com as aplicações concretas em diferentes níveis é claramente levada mais adiante. Portanto, não é tanto "Tudo o que você queria saber sobre o tema e nunca teve coragem de perguntar", mas uma ferramenta de trabalho útil para todo participante de movimentos sociais ou político engajado, em particular no plano local ou regional.

---

7. "Décroissance et politique", novembro de 2006; "Travail et décroissance", abril de 2007, Lyon, Parangon.

Introdução

"Se a terra tiver de perder a maior parte de sua beleza pelos danos provocados por um crescimento ilimitado da riqueza e da população [...], então, pelo bem da posteridade, desejo sinceramente que nos contentemos em ficar onde estamos nas condições atuais, antes que sejamos obrigados a fazê-lo por necessidade."

John Stuart MILL[1]

Há perguntas demais neste mundo aqui de baixo, nos diz Woody Allen: de onde viemos? para onde vamos? e o que vamos comer hoje à noite? Se, para dois terços da humanidade, a terceira questão é a mais importante, para nós, do Norte, os empanzinados do hiperconsumo, ela não é uma preocupação. Consumimos carne demais, gordura demais, açúcar demais, sal demais. O que nos assombra é antes o sobrepeso. Corremos o risco de sofrer de diabetes, cirrose do fígado, colesterol e obesidade[2]. Estaríamos melhor se fizéssemos dieta. Esquecemos as duas outras perguntas que, menos

---

1. *Principi di economia politica*, Turim, Utet, 1979, pp. 748-51.
2. Sessenta por cento da população dos Estados Unidos, 30% da Europa e 20% das crianças na França (fonte: Dominique Belpomme, *Avant qu'il ne soit trop tard*, Paris, Fayard, 2007, p. 138).

urgentes, são contudo mais importantes. Lembremos que os objetivos que a "comunidade" internacional propôs na aurora do terceiro milênio para 2015 visam a saúde para todos e a erradicação da pobreza, e isso bem antes da luta contra as poluições.

Para onde vamos? De cara contra o muro. Estamos a bordo de um bólido sem piloto, sem marcha a ré e sem freio, que vai se arrebentar contra os limites do planeta.

Na verdade, estamos totalmente a par da situação. Desde *Silent Spring* [primavera silenciosa], de Rachel Carson (1962), um número suficiente de vozes autorizadas se fizeram ouvir para que não possamos alegar que não sabíamos. O famoso relatório do Clube de Roma, "Os limites do crescimento" (1972), nos preveniu que a busca indefinida do crescimento era incompatível com os "fundamentos" do planeta[3]. Todos os dias ou quase todos os dias, novos relatórios aterradores, provenientes dos mais diversos horizontes, confirmam esse diagnóstico de bom senso. Assim, depois da declaração de Wingspread (1991)[4], do Chamado de Paris de (2003)[5], do Millennium Assessment

---

3. O Clube de Roma produziu em seguida, tendo sempre Dennis Meadows como organizador: "Beyond the Limits to Growth – an Update", Boston Chelsea Green, 1992, e "Limits to Growth: the 30-year Update", mesmo editor, 2004.

4. Declaração de vinte e dois biólogos, a maioria deles americanos, denunciando os perigos dos produtos químicos.

5. Declaração internacional, lançada por instigação do professor Belpomme, para alertar sobre os perigos sanitários provocados pelo crescimento econômico.

Report[6], foram redigidos os do Grupo Intergovernamental de Especialistas sobre a Evolução do Clima (GIEC*), os das ONG especializadas (WWF, Greenpeace, Friends of the Earth [Amigos da Terra], Worldwatch Institute etc.), mas também os relatórios, semissecretos, do Pentágono, outros, mais confidenciais, da Fundação Bilderberg, o relatório de Nicolas Stern para o governo britânico etc., sem falar dos chamados lançados pelo presidente Chirac em Johanesburgo ou por Nicolas Hulot na campanha presidencial de 2007, passando pelo ex-vice-presidente americano Al Gore...

Mas, com a nossa refeição desta noite garantida, não queremos escutar nada. Ocultamos, em particular, a questão de saber de onde viemos: de uma sociedade de crescimento – ou seja, de uma sociedade fagocitada por uma economia cuja única finalidade é o crescimento pelo crescimento. É significativa a ausência de uma verdadeira crítica da sociedade de crescimento na maioria dos discursos *ambientalistas*, que só fazem enrolar nas suas colocações sinuosas sobre o desenvolvimento sus-

---

6. Millennium Assessment Report, "*Living Beyond Our Means: Natural Assets and Human Well-Being*" (http://www.millenniumassessment.org). Trata-se de um relatório das Nações Unidas baseado nos trabalhos de 1360 especialistas de 95 países, publicado em Tóquio em 30 de março de 2005, que demonstra que a atividade humana abusa das capacidades de regeneração dos ecossistemas a ponto de comprometer os objetivos econômicos, sociais e sanitários fixados pela comunidade internacional para 2015.

* *Intergovernmental Panel on Climate Change (IPCC)* (N. da T.).

tentável[7]. Denunciar o "frenesi das atividades humanas" ou o desgoverno do motor do progresso não supre a ausência de análise da megamáquina tecnoeconômica capitalista e mercantil, da qual talvez sejamos de fato as engrenagens cúmplices, mas com certeza não as molas propulsoras. Esse sistema baseado na desmedida nos conduz ao impasse. É uma esquizofrenia que coloca o teórico diante de uma situação paradoxal: ele tem simultaneamente a impressão de chover no molhado e a sensação de pregar no deserto. Dizer que um crescimento infinito é incompatível com um mundo finito e que tanto nossas produções como nossos consumos não podem ultrapassar as capacidades de regeneração da biosfera são evidências facilmente compartilháveis. Em compensação, são muito menos bem-aceitas as consequências incontestáveis de que essas mesmas produções e esses mesmos consumos devem ser reduzidos (em cerca de dois terços no caso da França), e que a lógica do crescimento sistemático e irrestrito (cujo núcleo é a compulsão e a adição ao crescimento do capital financeiro) deve portanto ser questionada, bem como nosso modo de vida. Quanto à designação dos principais responsáveis, ela parece francamente blasfematória.

Embora a torrente esteja saindo de seu leito e ameaçando devastar tudo, a necessidade de uma

---

7. Ver Nicolas Hulot, *Pour un pacte écologique*, Paris, Calmann-Lévy, 2006.

decrescença, ou seja, a própria ideia de decrescimento, pega mal. Contudo, sua aceitação é indispensável se quisermos sair do torpor que nos impede de agir. Convém, portanto, avaliar seu alcance (I), propor uma alternativa para o delírio da sociedade de crescimento, a utopia concreta do decrescimento (II), e, por fim, especificar os meios de sua realização (III).

I. O território do decrescimento

"Então, uma imensa dúvida começa a atormentar os espíritos. A ideia de que se deva superproduzir para que se supercompre, ou seja, a ideia que domina a vida econômica de todo o país, será ela correta? Quando o mercado está saturado e a produção continua, o que acontecerá? Fizeram uma campanha publicitária para que cada família compre dois carros: um só não basta. Será que a convencerão a comprar três? Compram-se a prazo o carro, a casa, a geladeira, o sobretudo, os sapatos. Uma hora, contudo, será preciso pagar a conta."

Paul HAZARD, *Le Malaise américain*[1]

Um ovni no microcosmo politiqueiro

Em poucos meses, o tema do decrescimento conquistou um espaço político e midiático notável. Por muito tempo tabu, transformou-se em objeto de debate, claro que entre os Verdes[2], no seio da Confederação Camponesa[3] (o que não surpreende muito), ou do chamado movimento antigloba-

---

1. Paul Hazard, em *Le Malaise américain* (1931), citado por Jean-Pierre Tertrais, *Du développement à la décroissance. De la nécessité de sortir de l'impasse suicidaire du capitalisme*, Paris, Éditions du Monde Libertaire, 2004 (nova edição 2006, p. 66), p. 20.
2. Ver "La décroissance pourquoi?", *Vert contact*, n.º 709, abril de 2004.
3. "Objectif décroissance: la croissance en question", *Campagnes solidaires*, jornal mensal da Confederação camponesa, n.º 182, fevereiro de 2004.

lização[4], e até entre um público bem mais amplo. O decrescimento se fez presente na campanha eleitoral nacional italiana nas eleições de 2006[5] e depois no debate político francês[6] em 2007.

Ele também está no centro das contestações, cada vez mais vivas regional e localmente, dos "grandes projetos". Na Itália, multiplicam-se as resistências: no vale de Susa, contra o TGV Lyon-Turim e seu túnel monstruoso, contra a megaponte sobre o estreito de Messina, contra o MOSE na lagoa de Veneza, contra os incineradores (em Trento e alhures), contra a central elétrica a carvão de Civitavecchia etc. Na França, a resistência aos "grandes" projetos – centrais térmicas a carvão, projeto Iter (International thermonuclear experimental reactor), grandes infraestruturas de transportes – tem mais dificuldade de se coordenar e se desenvolver devido à centraliza-

---

4. Ver *Politis* de 11 de dezembro de 2003, dossiê sobre o decrescimento.

5. Assumido pelos "Verdi", motivo de atritos entre Rifondazione e os outros partidos da coalizão anti-Berlusconi. Paolo Cacciari foi eleito deputado de Veneza na lista de Rifondazione, depois da publicação de um documento em defesa do decrescimento, *Pensare la decrescita. Sostenibilità ed equità*, Cantieri Carta/edizioni Intra Moenia, 2006. Maurizio Pallante, autor do manifesto *La Decrescita Felice. La Quantità della Vita non dipende dal PIL* (Roma, Editori Riuniti, 2005), é conselheiro do novo ministro verde do Meio Ambiente.

6. Trazido mais explicitamente por Yves Cochet dos Verdes e um pouco menos por José Bové. Mas todos os candidatos à presidência foram interpelados sobre a questão.

ção e ao poder administrativo, mas está começando[7].

Aqui e acolá, na França e na Itália, e faz pouco tempo na Bélgica e na Espanha, grupos pró-decrescimento vêm se constituindo espontaneamente, organizando marchas e criando redes. A postura "decrescente" inspira, por outro lado, comportamentos individuais e coletivos. Citemos o movimento Cambiaresti, que pretende promover um "orçamento justo" ["Bilanci di giustizia"], isto é, uma pegada ecológica equitativa (1.300 famílias apenas em Vêneto), as ecovilas, as AMAP (Associações para a manutenção de uma agricultura camponesa) na França, os GAS (Grupo de compradores solidários) na Itália, os adeptos da simplicidade voluntária[8] etc. O surgimento desses movimentos, "ovnis" no microcosmo politiqueiro, pôs os meios de comunicação em ebulição. Jornais, rádios e até televisões trataram do assunto. Se alguns deles fizeram um sério esforço de informação[9], muitos se colocaram a favor ou contra sem quebrar muito a cabeça e geralmente

7. Ver Simon Charbonneau, *Résister à la croissance des grandes infrastructures de transport* (no prelo) e Jean Monestier (*Entropia*, n.º 2) e "La Grande Illusion des aéroports régionaux", *Fil du Conflent*, n.º 14, Prades, Atelier da Chouette, abril-maio de 2007.

8. Hervé-René Martin, *Éloge de la simplicité volontaire*, Paris, Flammarion, 2007. Ver também Serge Latouche, *Le Pari de la décroissance, op. cit.*, pp. 101-11.

9. Citemos *Politis, Carta, Le Monde diplomatique*, assim como o jornal *La Décroissance*, seu homólogo italiano, *La Decrescita* e a revista *Entropia* já mencionada.

deformando as raras análises disponíveis. O que há por trás desse "novo conceito" de decrescimento? Ele é assimilável ao desenvolvimento sustentável? De onde ele provém? Por que ele seria necessário? São essas as indagações que aparecem com mais frequência.

O que é o decrescimento?

O decrescimento é um *slogan* político com implicações teóricas, uma "palavra-obus" como diz Paul Ariès, que visa acabar com o jargão politicamente correto dos drogados do produtivismo[10]. Ao contrário de uma ideia perversa que não produz necessariamente uma ideia virtuosa, não se trata de preconizar o decrescimento pelo decrescimento, o que seria absurdo; considerando bem, contudo, não o seria nem mais nem menos do que pregar o crescimento pelo crescimento... A palavra de ordem "decrescimento" tem como principal meta enfatizar fortemente o abandono do objetivo do crescimento ilimitado, objetivo cujo motor não é outro senão a busca do lucro por parte dos detentores do capital, com consequências desastrosas para o meio ambiente e portanto para a humanidade. Não só a sociedade fica condenada a não ser mais que o instrumento ou o meio da mecânica produtiva, mas o próprio homem tende a

10. Paul Ariès, *Décroissance ou barbarie*, Lyon, Golias, 2005.

se transformar no refugo de um sistema que visa a torná-lo inútil e a prescindir dele[11].

Para nós, o decrescimento não é o crescimento negativo, oximoro absurdo que traduz bem a dominação do imaginário do crescimento[12]. Sabe-se que a mera diminuição da velocidade de crescimento mergulha nossas sociedades na incerteza, aumenta as taxas de desemprego e acelera o abandono dos programas sociais, sanitários, educativos, culturais e ambientais que garantem o mínimo indispensável de qualidade de vida. Pode-se imaginar a catástrofe que uma taxa de crescimento negativa provocaria! Assim como não existe nada pior que uma sociedade trabalhista sem trabalho, não há nada pior que uma sociedade de crescimento na qual não há crescimento. Essa regressão social e civilizacional é precisamente o que nos espreita se não mudarmos de trajetória. Por todas essas razões, o decrescimento só pode ser considerado numa "sociedade de decrescimento", ou seja, no âmbito de um sistema baseado em outra lógica. Portanto, a alternativa é efetivamente: decrescimento ou barbárie!

Para sermos rigorosos, em termos teóricos conviria mais falar de "*a*-crescimento", como se fala de *a*-teísmo, do que de *de*-crescimento. Trata-se, aliás,

---

11. "A ideia de que o crescimento econômico constitui um fim em si implica que a sociedade seja um meio", François Flahaut, *Le Paradoxe de Robinson. Capitalisme et société*, Paris, Mille et une nuits, 2005, p. 16.

12. Isso significaria ao pé da letra: "avançar recuando".

de conseguir abandonar uma fé ou uma religião, a da economia, do progresso e do desenvolvimento, de rejeitar o culto irracional e quase idólatra do crescimento pelo crescimento.

A princípio, portanto, o decrescimento é simplesmente uma bandeira sob a qual reúnem-se aqueles que procederam a uma crítica radical do desenvolvimento[13] e querem desenhar os contornos de um projeto alternativo para uma política do após-desenvolvimento[14]. Sua meta é uma sociedade em que se viverá melhor trabalhando e consumindo menos[15]. É uma proposta necessária para que volte a se abrir o espaço da inventividade e da criatividade do imaginário bloqueado pelo totalitarismo economicista, desenvolvimentista e progressista.

---

13. Ver nosso artigo "En finir une fois pour toutes avec le développement", *Le Monde diplomatique*, maio de 2001.

14. Ver "Brouillons pour l'avenir: contributions au débat sur les alternatives", *Les Nouveaux Cahiers de l'IUED*, n.º 14, Paris-Genebra, PUF, 2003.

15. Isso corresponde bem ao que André Gorz designava outrora pelo termo (não muito feliz) de "racionalização ecológica". "O sentido da racionalização ecológica pode ser resumido na divisa 'menos mas melhor'. A modernização ecológica exige que o investimento deixe de estar a serviço do crescimento e passe a servir ao decrescimento da economia, ou seja, ao encolhimento da esfera regida pela racionalidade econômica no sentido moderno. Não pode haver modernização ecológica sem restrição da dinâmica da acumulação capitalista e sem redução do consumo por autolimitação. As exigências da modernização ecológica coincidem com as de uma relação Norte-Sul transformada e com o projeto originário do socialismo", *Capitalisme, socialisme, écologie*, Paris, Galilée, 1991, p. 93.

A batalha das palavras e das ideias

Sem dúvida para neutralizar seu potencial subversivo, é comum tentarem fazer o decrescimento entrar no campo do desenvolvimento sustentável, apesar de o termo ter se imposto para sair da impostura e de confusões criadas por essa expressão "balaio de gatos" que encontramos impressa até nos pacotes do café Lavazza... Outras provas da mistificação do desenvolvimento sustentável são, entre tantas, as declarações de grandes empresários, como o diretor-geral da Nestlé ("O desenvolvimento sustentável é fácil de definir: se o seu bisavô, seu avô e seus filhos forem consumidores fiéis da Nestlé, então nós trabalhamos de forma sustentável. E é o que acontece com mais de 5 bilhões de pessoas no mundo"[16]), ou ainda como Michel-Édouard Leclerc ("O termo [desenvolvimento sustentável] é tão amplo, usa-se e abusa-se tanto dele que, a exemplo do senhor Jourdain, todo o mundo pode reivindicá-lo. Além disso, é verdade, o *conceito* está na moda, tanto no mundo empresarial como em qualquer debate da sociedade. E daí? Em todos os tempos, os comerciantes souberam como recuperar os bons *slogans*"[17]).

16. Peter Brabeck-Letmathe, diretor-geral da Nestlé no fórum de Davos de 2003, citado por Christian Jacquiau, *Les Coulisses du commerce équitable*, Paris, Mille et une nuits, 2006, p. 151.
17. Michel-Édouard Leclerc, *Le Nouvel Économiste*, 26 de março de 2004, citado por Christian Jacquiau, *op. cit.*, p. 281.

Estamos entendidos, trata-se ao mesmo tempo de um pleonasmo na definição e de um oximoro no conteúdo. Pleonasmo, porque o desenvolvimento já é um *self-sustaining growth* ("crescimento sustentável por si mesmo") para Rostow. Oximoro, porque o desenvolvimento não é nem duradouro nem sustentável*[18].

Sejamos claros: o problema não concerne tanto ao "duradouro" ou ao "sustentável" (*sustainable*), que de certo modo remete ao princípio de responsabilidade do filósofo Hans Jonas e ao princípio de precaução, alegremente violado pelos atores do desenvolvimento: a energia nuclear, os organismos geneticamente modificados (OGM), os celulares, os pesticidas (Gaucho, Paraquat), o regulamento REACH[19], sem remontar ao caso emblemático do amianto, é longa a lista dos terrenos em que ele não se aplica. O desenvolvimento é uma palavra tóxica, qualquer que seja o adjetivo

* Em francês, a expressão para "desenvolvimento sustentável" é *développement durable*. (N. da T.)

18. É interessante notar que, segundo o WWF (relatório de 2006), somente um país preenche os critérios do desenvolvimento sustentável, quais sejam, um patamar de desenvolvimento humano elevado e uma pegada ecológica sustentável: Cuba! A despeito disso e em contradição com os dados fornecidos, o relatório Stern ostenta um otimismo de fachada (como, aliás, também Nicolas Hulot): "*We can be green and grow*" ("Podemos ser 'verdes' e continuar a crescer").

19. O acrônimo REACH corresponde a: registro, avaliação, autorização e restrição de substâncias químicas (em inglês: Registration, Evaluation, Authorisation and Restriction of Chemicals).

com que o vistam[20]. Para realizar a quadratura do círculo, o desenvolvimento sustentável agora encontrou seu instrumento privilegiado: os "mecanismos limpos de desenvolvimento", expressão que designa tecnologias poupadoras de energia ou de carbono, sob o manto da ecoeficiência. Continuamos na diplomacia verbal. As inegáveis e desejáveis performances da técnica não questionam a lógica suicida do desenvolvimento. Continua-se a mudar o penso em vez de pensar a mudança...

A luta de classes e os embates políticos também se dão na arena das palavras. Sabemos que o desenvolvimento, conceito etnocêntrico e etnocidário, se impôs pela sedução, combinada com a violência da colonização e do imperialismo, constituindo uma verdadeira "violação do imaginário" (conforme a bela expressão de Aminata Traoré[21]).

A batalha das palavras causa estragos, mesmo quando se trata apenas de impor nuanças semânticas que podem parecer mínimas. Assim, por exemplo, por volta do final dos anos 1970, parece que o

---

20. Até um economista tão convencional como Claudio Napoleoni escreveu no fim de sua vida: "Já não podemos nos contentar com imaginar um 'novo modelo de desenvolvimento'. A expressão 'novo modelo de desenvolvimento' carece de sentido. Caso se queira encontrar um novo modelo, já não será um modelo de desenvolvimento [...]. Não creio que se possa resolver simultaneamente o problema de um crescimento mais forte e de uma mudança qualitativa do desenvolvimento", in *Cercare ancora. Lettera sulla laicità e ultimi scritti*, Roma, Editori Riuniti, 1990, p. 92.

21. Aminata Traoré, *Le Viol de l'imaginaire*, Paris, Actes Sud/Fayard, 2002.

sustainable development prevaleceu sobre a expressão mais neutra *écodéveloppement* [ecodesenvolvimento] adotada em 1972 na Conferência de Estocolmo, sob a pressão do *lobby* industrial americano e graças à intervenção pessoal de Henry Kissinger.

Por trás dessas querelas, percebem-se claramente divergências de opinião, de concepção de mundo e de interesses (e não apenas de conhecimentos)[22]. O "desenvolvimento sustentável", invocado de forma encantatória em todos os programas políticos, "tem como única função", precisa Hervé Kempf, "conservar os lucros e evitar a mudança de hábitos quase sem alterar o rumo"[23]. Falar de um "outro" desenvolvimento, como se fala de um "outro" crescimento, traduz ou uma grande ingenuidade, ou uma grande duplicidade. Lembremos, para memorizar, que quando, em 1972, o presidente da Comissão Europeia, Sicco Mansholt, extraindo corajosamente as lições do primeiro relatório do Clube de Roma, quis inflectir as políticas de Bruxelas no sentido de um questionamento do crescimento, o comissário francês Raymond Barre exprimiu publicamente seu desacor-

22. O movimento *alternativo* não escapa disso. "Briguei contra a palavra 'crescimento', que usurpava a palavra 'desenvolvimento'", declara Alain Lipietz. "Hoje também luto contra a palavra 'decrescimento'", in "Peut-on faire l'économie de l'environnement?", *Cosmopolitiques*, n.º 13, Apogée, 2006, p. 117.

23. Hervé Kempf, *Comment les riches détruisent la planète*, Paris, Le Seuil, 2007. Ele acrescenta: "Mas são os lucros e os hábitos que nos impedem de mudar de rumo."

do. Acabaram concluindo que era preciso tornar o crescimento mais humano e mais equilibrado. Hoje... Sabemos no que deu. Naquela época, o secretário-geral do Partido Comunista Francês (PCF) denunciou o "programa monstruoso" dos dirigentes da Comunidade Econômica Europeia (CEE). Felizmente, as coisas evoluíram. "Em 2006", segundo Bernard Saincy, responsável pela Confederação Geral do Trabalho (CGT), "atingimos uma nova etapa ao fazer do desenvolvimento sustentável uma verdadeira orientação do sindicato com a expressão 'dar um novo conteúdo ao crescimento'".[24] Um esforcinho mais, camaradas!

É certo que se deve distinguir "desenvolvimento" e "crescimento" (com minúscula), como fenômenos de evolução que se aplicam a uma realidade precisa (a população, a produção de batatas, a quantidade de resíduos, a toxicidade das águas etc.) e que podem ser (ou não ser) eminentemente desejáveis, de Desenvolvimento e Crescimento (com maiúscula), como conceitos abstratos que designam o dinamismo econômico que é um fim em si mesmo. A confusão entre ambos não é responsabilidade nossa. É intencionalmente mantida pela ideologia dominante.

Contudo, para que o outro mundo em que depositamos nossas esperanças não se pareça demais

---

24. Entrevista com Bernard Saincy e Fabrice Flipo: "CGT et Amis de la Terre: quels compromis possibles?" in *Cosmopolitiques*, n.º 13, *op. cit.*, p. 176.

com este em que vivemos, está na hora de descolonizarmos nossos imaginários. Não é certo que ainda tenhamos trinta anos pela frente.

As duas fontes do decrescimento

Embora o termo "decrescimento" seja, portanto, de uso muito recente nos debates econômicos, políticos e sociais, a origem das ideias que ele veicula tem uma história mais antiga, ligada à crítica *culturalista* da economia por um lado e à sua crítica ecologista por outro. Desde os seus primórdios, a sociedade "termoindustrial" gerou tanto sofrimento e tantas injustiças que não parecia desejável para muitas pessoas. Se a industrialização e a técnica, excetuando a fase do luddismo[25], foram pouco criticadas até um período recente, o fundamento antropológico da economia como teoria e como prática, o *homo oeconomicus*, foi denunciado como redutor por todas as ciências humanas[26]. A base teórica e sua aplicação prática (a sociedade moderna) são questionadas pela sociologia de Émile Durkheim e de Marcel Mauss, pela antropologia de Karl Polanyi e Marshall Sahlins, pela psicanálise de Erich Fromm ou Gregory Bateson. O projeto de uma sociedade autônoma e econô-

---

25. Movimento operário britânico dos anos 1811-1812, batizado a partir do nome de seu líder, Ned Ludd, conhecido pelas suas destruições de máquinas (têxteis).
26. Ver Serge Latouche, *L'Invention de l'économie*, Paris, Albin Michel, 2005.

mica abarcado pelo *slogan* do decrescimento não é de ontem. Sem remontar a algumas utopias do primeiro socialismo[27], nem à tradição anarquista renovada pelo situacionismo, ele foi formulado, desde o fim dos anos 1960 e de uma forma próxima da nossa, por André Gorz, François Partant, Jacques Ellul, Bernard Charbonneau, mas sobretudo por Cornelius Castoriadis e Ivan Illich[28]. O fracasso do desenvolvimento no Sul e a perda das referências no Norte levaram esses pensadores a questionar a sociedade de consumo e suas bases imaginárias: o progresso, a ciência e a técnica.

Essa crítica resultou na pesquisa de um "após-desenvolvimento". Ao mesmo tempo, a tomada de consciência da crise do meio ambiente trouxe uma nova dimensão: não só a sociedade de crescimento não é desejável, como ela não é sustentável!

A intuição dos limites físicos do crescimento econômico remonta sem dúvida a Malthus (1766-1834), mas só encontrará seu fundamento científico com Sadi Carnot e sua segunda lei da termodinâmica (1824). Com efeito, o fato de as transformações da energia em suas diferentes formas

27. Embora algumas delas, como bem lembra Thierry Paquot, sejam autênticos precursores do decrescimento. Ver Thierry Paquot, *Utopies et utopistes*, Paris, La Découverte, 2007, p. 33.

28. Talvez devêssemos mencionar também o grande filósofo americano, discípulo de Henry David Thoreau, John Dewey. Ver a análise de Philippe Chanial, "Une foi commune: démocratie, don et éducation chez John Dewey", *in Revue du MAUSS*, n.º 28, Paris, La Découverte, segundo semestre de 2006.

(calor, movimento etc.) não serem totalmente reversíveis – e de toparmos com o fenômeno da entropia – não pode deixar de ter consequências sobre uma economia fundada nessas transformações. Entre os pioneiros da aplicação das leis da termodinâmica à economia, convém destacar em particular Sergueï Podolinsky, pensador de uma economia energética, que procurou conciliar socialismo e ecologia[29]. No entanto, foi apenas nos anos 1970 que a questão da ecologia no seio da economia foi desenvolvida, resultando sobretudo do trabalho do grande cientista e economista romeno Nicholas Georgescu-Roegen, que soube perceber as implicações bioeconômicas da lei da entropia, já pressentidas nos anos 1940-1950 por Alfred Lotka, Erwin Schrödinger, Norbert Wiener ou Léon Brillouin[30]. Ao adotar o modelo da mecânica clássica newtoniana, nota Nicholas Georgescu-Roegen, a economia exclui a irreversibilidade do tempo. Assim, ignora a entropia, ou seja, a não reversibilidade das transformações da energia e da matéria. Por isso, os resíduos e a poluição, apesar de serem produtos da atividade econômica, não entram nas funções padrão de produção.

29. Sergueï Podolinsky (1850-1891), aristocrata ucraniano exilado na França, que tentou sem sucesso sensibilizar Marx para a crítica ecológica.
30. Para a pequena história do decrescimento, ver Jacques Grinevald, "Histoire d'un mot. Sur l'origine de l'emploi du mot décroissance", *Entropia*, nº 1, outubro de 2006.

Quando, por volta de 1880, a terra foi eliminada dessas funções, rompeu-se o último elo com a natureza. Tendo desaparecido toda referência a um substrato biofísico qualquer, a produção econômica, tal como concebida pela maioria dos teóricos neoclássicos, parece não estar confrontada com nenhum limite ecológico. Consequência? O desperdício inconsciente dos recursos escassos disponíveis e a subutilização do fluxo abundante de energia solar. Para Yves Cochet, "a teoria econômica neoclássica contemporânea mascara sob uma elegância matemática sua indiferença às leis fundamentais da biologia, da química e da física, sobretudo as da termodinâmica"[31]. Ela é um disparate ecológico[32]. Em suma, o processo econômico real, diferentemente do modelo teórico, não é um processo puramente mecânico e reversível; de natureza *entrópica*, ele se desenrola numa biosfera que funciona num tempo marcado pela flecha do tempo[33]. Disso decorre, para Nicholas Georgescu-Roegen, a impossibilidade de um crescimento infinito num mundo finito e a necessidade de substituir a ciência econômica tradicional por uma bio-

31. Yves Cochet, *Pétrole apocalypse*, Paris, Fayard, 2005, p. 147.
32. "Uma pepita de ouro puro contém mais energia livre do que o mesmo número de átomos de ouro diluídos um a um na água do mar", *ibid.*, p. 153.
33. "Não podemos", escreve ainda Nicholas Georgescu-Roegen, "produzir geladeiras, carros ou aviões a reação 'melhores e maiores' sem produzir também resíduos 'melhores e maiores'", *La Décroissance*, apresentação e tradução para o francês de Jacques Grinevald e Ivo Rens, Paris, Sang de la terre, 1994, p. 63.

economia, ou seja, pensar a economia no seio da biosfera. Por isso é que o termo "decrescimento" foi empregado em francês para intitular uma de suas coletâneas de ensaios[34].

Kenneth Boulding foi um dos raríssimos economistas que extraiu as consequências disso. Num artigo de 1973, opôs a economia de *cowboy*, em que a maximização do consumo se apoia na predação e na pilhagem dos recursos naturais, à economia do cosmonauta, "para a qual a Terra se tornou uma nave espacial única, desprovida de reservas ilimitadas, seja para dela extrair, seja para nela verter seus poluentes"[35]. Quem acredita que um crescimento infinito é possível em um mundo finito, conclui ele, ou é louco ou é economista.

A adição ao crescimento

> "Toda a atividade dos comerciantes e dos publicitários consiste em criar necessidades num mundo que desmorona sob as produções. Isso exige uma taxa de rotatividade e de consumo dos produtos cada vez mais rápida e portanto uma fabricação de resíduos cada vez mais intensa e uma atividade de tratamento dos resíduos cada vez maior."
>
> Bernard MARIS[36]

---

34. *La Décroissance, op. cit.*
35. Citado por Denis Clerc, *Cosmopolitiques*, nº 13, *op. cit.*, p. 17.
36. Bernard Maris, *Antimanuel d'économie*, volume 2: *Les Cigales*, Paris, Bréal, 2006, p. 49.

Nossa sociedade amarrou seu destino a uma organização baseada na acumulação ilimitada. Esse sistema está condenado ao crescimento. Quando há desaceleração ou parada do crescimento, vem a crise ou até o pânico. Reencontramos o "Acumulem! acumulem! Pois essa é a lei e os profetas!" do velho Marx. Tal necessidade faz do crescimento uma "camisa de força". O emprego, o pagamento dos aposentados, a renovação dos gastos públicos (educação, previdência, justiça, cultura, transportes, saúde etc.) supõem o aumento constante do produto interno bruto (PIB). "O único antídoto para o desemprego permanente é o crescimento", martela Nicolas Baverez, "declinólogo" próximo de Sarkozy, acompanhado nisso por muitos ativistas da antiglobalização[37]. No fim, o círculo virtuoso se transforma num círculo infernal... A vida do trabalhador geralmente se reduz à vida de um "biodigestor que metaboliza o salário com as mercadorias e as mercadorias com o salário, transitando da fábrica para o hipermercado e do hipermercado para a fábrica"[38].

Três ingredientes são necessários para que a sociedade de consumo possa prosseguir na sua ronda diabólica: a publicidade, que cria o desejo de consumir; o crédito, que fornece os meios; e a obsolescência acelerada e programada dos produ-

---

37. Em *La France qui tombe*, Paris, Perrin, 2003.
38. Paolo Cacciari, *Pensare la decrescita. Sostenibilità ed equità*, *op. cit.*, p. 102.

tos, que renova a necessidade deles. Essas três molas propulsoras da sociedade de crescimento são verdadeiras "incitações-ao-crime".

A publicidade nos faz desejar o que não temos e desprezar aquilo de que já desfrutamos. Ela cria e recria a insatisfação e a tensão do desejo frustrado. Conforme uma pesquisa realizada entre os presidentes das maiores empresas americanas, 90% deles reconhecem que seria impossível vender um produto novo sem campanha publicitária; 85% declaram que a publicidade persuade "frequentemente" as pessoas a comprar coisas de que elas não precisam; e 51% dizem que a publicidade persuade as pessoas a comprar coisas que elas não desejam de fato[39]. Esquecidos os bens de primeira necessidade, cada vez mais a demanda já não incide sobre *bens de grande utilidade*, e sim sobre *bens de alta futilidade*[40]. Elemento essencial do círculo vicioso e suicida do crescimento sem limites, a publicidade, que constitui o segundo maior orçamento mundial depois da indústria de armamentos, é incrivelmente voraz: 103 bilhões de euros nos Estados Unidos em 2003, 15 bilhões na França. Em 2004, as empresas francesas investiram 31,2 bilhões de euros em comunicação (ou seja, 2% do PIB e três vezes o déficit da Previdência Social francesa!). No total, considerando o conjunto do glo-

39. André Gorz, *Capitalisme, socialisme, écologie*, Paris, Galilée, 1991, p. 170.
40. Paolo Cacciari, *op. cit.*, p. 29.

bo, mais de 500 bilhões de despesas anuais. Montante colossal de poluição material, visual, auditiva, mental e espiritual! O sistema publicitário "apossa-se da rua, invade o espaço coletivo – desfigurando-o –, apropria-se de tudo o que tem vocação pública, as estradas, as cidades, os meios de transporte, as estações de trem, os estádios, as praias, as festas"[41]. São programas televisivos entrecortados pelas inserções publicitárias, crianças manipuladas e perturbadas (pois as mais frágeis são as mais visadas), florestas destruídas (40 kg de papel por ano nas nossas caixas de correio). E, no fim, os consumidores pagam a conta, qual seja, 500 euros por ano e por pessoa.

Por outro lado, o uso do dinheiro e do crédito, necessário para que aqueles cujos rendimentos não são suficientes possam consumir e para que os empresários possam investir sem dispor do capital necessário, é um potente "ditador" de cresci-

41. Jean-Paul Besset, *Comment ne plus être progressiste... sans devenir réactionnaire*, Paris, Fayard, 2005, p. 251. E o autor acrescenta: "Ele inunda a noite assim como se apossa do dia, ele canibaliza a internet, coloniza os jornais, impondo sua dependência financeira e levando alguns deles a ficar reduzidos a tristes suportes. Com a televisão, ele possui sua arma de destruição de massa, instaurando a ditadura do ibope sobre o principal vetor cultural da época. Mas isso não basta. A publicidade também toma de assalto o universo privado, as caixas de correio, as mensagens eletrônicas, os telefones, os videogames, os rádios dos banheiros. E agora ela quer tomar conta do boca a boca [...]. A agressão se dá em todas as direções, a perseguição é permanente. Poluição mental, poluição visual, poluição sonora."

mento no Norte, mas também, de modo mais destrutivo e mais trágico, no Sul[42]. Essa lógica "diabólica" do dinheiro que precisa sempre de mais dinheiro nada mais é do que a lógica do capital. Estamos diante daquilo a que Giorgio Ruffolo dá o belo nome de "terrorismo do interesse composto"[43]. Seja com que nome o vistam para legitimá-lo, retorno sobre o patrimônio líquido (*return on equity*), valor para o acionista, seja qual for o meio de obtê-lo, comprimindo impiedosamente os custos (*cost killing, downsizing*), extorquindo uma legislação abusiva sobre a propriedade (patentes de seres vivos) ou construindo um monopólio (Microsoft), trata-se sempre do lucro, motor da economia de mercado e do capitalismo nas suas diversas mutações. Essa busca do lucro a qualquer preço se dá graças à expansão da produção-consumo e à compressão dos custos. Os novos heróis de nosso tempo são os *cost killers*, esses executivos que as firmas transnacionais roubam umas das outras a preço de ouro, oferecendo-lhes um montão de *stock-options* e indenizações vultosas em caso de rescisão de contrato. Formados geralmente nas *business schools*, que seria mais correto chamar de "escolas da guerra econômica", esses estrategistas empenham-se com ardor para terceirizar ao máxi-

42. Segundo o Federal Bank, o endividamento dos lares americanos atingiu em 2007 a soma astronômica de 28.198 bilhões de dólares, ou seja, 248% do PIB.

43. Giorgio Ruffolo, *Crescita e sviluppo: critica e prospettive*, Falconara/Macerata, 8-9 de novembro de 2006.

mo os custos a fim de que seu peso recaia sobre seus empregados, sobre os terceirizados, sobre os países do Sul, sobre seus clientes, sobre Estados e sobre serviços públicos, sobre gerações futuras, mas, sobretudo, sobre a natureza, que se tornou simultaneamente fornecedora de recursos e lixo. Todo capitalista, todo financista, mas também todo *homo oeconomicus* (e todos nós o somos), tende a se tornar um "criminoso" comum mais ou menos cúmplice da banalidade econômica do mal[44].

Já em 1950, Victor Lebow, um analista de mercado americano, entendeu a lógica consumista. Ele escreveu: "Nossa economia, imensamente produtiva, exige que façamos do consumo nosso estilo de vida [...]. Precisamos que nossos objetos se consumam, se queimem e sejam substituídos e jogados fora numa taxa continuamente crescente."[45] Com a obsolescência programada, a sociedade de crescimento possui a arma absoluta do consumismo. Em prazos cada vez mais curtos, os aparelhos e equipamentos, das lâmpadas elétricas aos pares de óculos, entram em pane devido à falha intencional de um elemento. Impossível encontrar uma peça de reposição ou alguém que conserte. Se conseguíssemos pôr a mão na ave rara, custaria mais caro consertá-la do que comprar uma nova (sen-

---

44. Ver nossas análises em *Justice sans limites. Le défi de l'éthique dans une économie mondialisée*, Paris, Fayard, 2003.

45. Relatório do Worldwatch Institute (*State of the World*, 2000), citado por Piero Bevilacqua, *La terra è finita. Breve storia dell'ambiente*, Bari, Laterza, 2006, p. 80.

do esta hoje fabricada a preço de banana pelo trabalho escravo do sudeste asiático). Assim é que montanhas de computadores se juntam a televisores, geladeiras, lava-louças, leitores de DVD e telefones celulares abarrotando lixos e locais de descarte com diversos riscos de poluição: 150 milhões de computadores são transportados todos os anos para depósitos de sucata do Terceiro Mundo (500 navios por mês para a Nigéria!), apesar de conterem metais pesados e tóxicos (mercúrio, níquel, cádmio, arsênico e chumbo)[46].

Transformamo-nos, assim, em "toxicodependentes" do crescimentos. Aliás, a toxicodependência do crescimento não é apenas uma metáfora. Ela é polimorfa. À bulimia consumista dos fissurados em supermercados e lojas de departamentos corresponde o *workaholismo*, o vício em trabalho dos executivos, alimentado, conforme o caso, por um consumo excessivo de antidepressivos e até, segundo pesquisas inglesas, pelo consumo de cocaína para os escalões superiores que querem "estar à altura". O hiperconsumo do indivíduo contemporâneo "turbo-consumidor" redunda numa felicidade ferida ou paradoxal[47]. Os homens nunca alcançaram tamanho grau de derrelição. A indústria dos "bens de consolação" tenta em vão reme-

---

46. Alain Gras, "Internet demande de la sueur", *La Décroissance*, n.º 35, dezembro de 2006.
47. Gilles Lipovetsky, *Le Bonheur paradoxal, essai sur la société d'hyperconsommation*, Paris, Gallimard, 2006.

diar essa situação[48]. Nesse terreno, nós, franceses, somos detentores de um triste recorde: compramos, em 2005, 41 milhões de caixas de antidepressivos[49]. Sem entrar nos detalhes dessas "doenças criadas pelo homem", resta-nos apenas assinar embaixo do diagnóstico do professor Belpomme: "O crescimento tornou-se o câncer da humanidade."[50]

A alga verde e o caracol

Haverá realmente quem acredite que um crescimento infinito é possível num planeta finito? Por certo – e muito felizmente – nossa Terra não é um sistema fechado. Ela recebe a indispensável energia solar. Contudo, ainda que esta fosse consideravelmente mais bem utilizada, a quantidade recebida é limitada e em nada muda a superfície disponível ou o estoque de matérias-primas. No entanto, há economistas que afirmam: "Enquanto o Sol brilhar, não haverá limite 'científico' incontornável para o desenvolvimento da atividade econômica sobre a Terra, excetuando-se, naturalmente, as catástrofes ecológicas potencialmente desencadeadas pela própria atividade humana." E que daí ti-

---

48. Ver Bertrand Leclair, *L'Industrie de la consolation*, Paris, Verticales, 1998.
49. Pascal Canfin, *L'Économie verte expliquée à ceux qui n'y croient pas*, Paris, Les Petits Matins, 2006, p. 110.
50. Dominique Belpomme, *Avant qu'il ne soit trop tard*, op. cit., p. 211.

ram a consequência: "Nossa única chance de conseguir corrigir a tempo [os disfuncionamentos] é progredir ainda mais rapidamente na compreensão e no controle de nosso meio. Portanto, acentuar ainda mais a artificialização do mundo."[51] Em certa medida, somente o crescimento permitirá oferecer-se o luxo do decrescimento![52]

A *ubris*, a desmedida do senhor e dono da natureza, tomou o lugar da antiga sabedoria de uma inserção num meio explorado de modo racional. O delírio quantitativo nos condena a cair no insustentável, sob o efeito do "terrorismo dos interesses compostos". É o que se poderia chamar de teorema da alga verde[53].

Um dia, estimulada pelo uso excessivo de adubo químico por agricultores ribeirinhos, uma pequena alga veio se implantar num lago muito grande. Apesar de seu crescimento anual ser rápido, segundo uma progressão geométrica de razão 2, ninguém se preocupou. Com efeito, se a duplicação é anual, a superfície do lago estará coberta em trinta anos; no vigésimo quarto ano, somente 3% da extensão do lago estava colonizada! Começaram com certeza a se preocupar quando ela colonizou a metade da superfície, gerando, a partir

---

51. Guillaume Duval (de *Alternatives économiques*), in "L'impasse de la décroissance", *Cosmopolitiques*, n? 13, *op. cit.*, pp. 38 e 41.
52. Tratamos essa fantasia fundamentada no imaterial do jeito que ela merece em *Le Pari de la décroissance, op. cit.*, pp. 46-53.
53. Variante do paradoxo do nenúfar de Albert Jacquart (Albert Jacquart, *L'Équation du nenuphar*, Paris, Calmann-Levy, 1998).

de então, uma ameaça de eutrofização, isto é, de asfixia da vida subaquática. Embora ela tivesse levado várias décadas para chegar a esse ponto, um ano seria suficiente para provocar a morte irremediável do ecossistema lacustre.

Chegamos precisamente a esse momento em que a alga verde colonizou a metade de nosso lago. Se não agirmos muito rápido e muito energicamente, o que nos espera em breve é a morte por asfixia. Abraçando a razão geométrica que preside ao crescimento econômico, o homem ocidental renunciou a qualquer medida. Com uma alta do Produto Nacional Bruto (PNB) *per capita* de 3,5% ao ano (progressão média para a França entre 1949 e 1959), chega-se a uma multiplicação de 31 num século e de 961 em dois séculos! Com uma taxa de crescimento de 10%, que é atualmente a da China, obtém-se uma multiplicação por 736 num século![54] A uma taxa de crescimento de 3%, multiplica-se o PIB por 20 num século, por 400 em dois séculos, por 8 mil em três séculos![55] Se o crescimento produzisse mecanicamente o bem-estar, deveríamos viver hoje num verdadeiro paraíso, desde os tempos... Contudo, o que nos ameaça é bem mais o inferno.

Nessas condições, é urgente redescobrir a sabedoria do caracol. Ele nos ensina não só a neces-

---

54. Bertrand de Jouvenel, *Arcadie, Essais sur le mieux-vivre*, Paris, Sedeis, 1968.
55. Jean-Pierre Tertrais, *Du développement...*, op. cit., p. 14.

sária lentidão, mas uma lição ainda mais indispensável. "O caracol", nos explica Ivan Illich, "constrói a delicada arquitetura de sua concha adicionando, uma após a outra, espiras cada vez mais largas e depois cessa bruscamente e começa a fazer enrolamentos agora decrescentes. Isso porque uma única espira ainda mais larga daria à concha uma dimensão dezesseis vezes maior. Ao invés de contribuir para o bem-estar do animal, ela o sobrecarregaria. A partir de então, qualquer aumento de sua produtividade apenas serviria para paliar as dificuldades criadas por esse aumento do tamanho da concha para além dos limites fixados por sua finalidade. Passado o ponto-limite de alargamento das espiras, os problemas do excesso de crescimento multiplicam-se em progressão geométrica, ao passo que a capacidade biológica do caracol pode apenas, na melhor das hipóteses, seguir uma progressão aritmética."[56] Esse divórcio entre o caracol e a razão geométrica, que ele também abraçara por um tempo, nos mostra o caminho para pensar uma sociedade de "decrescimento", se possível sereno e convivial[57].

56. Ivan Illich, *Le Genre vernaculaire*, in *OEuvres complètes*, tomo 2, Paris, Fayard, 2005, p. 292.
57. Teoricamente, pode-se fazer a razão geométrica funcionar no sentido inverso. "Um decrescimento de 1% ao ano faz economizar 25% (da produção) em 29 anos e 50% em 69 anos. Um decrescimento de 2% ao ano faz economizar 50% em 34 anos, 64% em 50 anos e 87% em 100 anos" (Paul Ariès, *op. cit.*, p. 90). Evidentemente, esse raciocínio tem um valor sobretudo teórico para refutar nossos adversários, que nos acusam de querer levá-los de vol-

Uma pegada ecológica insustentável

Nosso *crescimento* econômico *excessivo* choca-se com os limites da finitude da biosfera. A capacidade de regeneração da Terra já não consegue acompanhar a demanda: o homem transforma os recursos em resíduos mais rápido do que a natureza consegue transformar esses resíduos em novos recursos[58].

Se considerarmos como indicador do "peso" ambiental de nosso modo de vida sua "pegada" ecológica em superfície terrestre ou em espaço bioprodutivo necessário, obteremos resultados insustentáveis tanto do ponto de vista da equidade de direitos de saque sobre a natureza quanto do ponto de vista da capacidade de carga da biosfera. O espaço disponível no planeta Terra é limitado. Ele representa 51 bilhões de hectares. O espaço "bioprodutivo", ou seja, útil para nossa reprodução, é apenas uma fração do total, ou seja, cerca de 12 bilhões de hectares[59]. Dividido pela população mundial atual, isso dá aproximadamente 1,8

---

ta à Idade da Pedra. O decrescimento decerto não é uma inversão mecânica do crescimento, é a construção de uma sociedade autônoma, certamente mais sóbria e, sobretudo, mais equilibrada.

58. WWF, Relatório *Planeta vivo* 2006, p. 2.

59. Um hectare de pasto permanente, por exemplo, é considerado equivalente a 0,48 hectare de espaço bioprodutivo e, para uma zona de pesca, 0,36 (Mathis Wackernagel, "Il nostro pianeta si sta esaurendo", in *Economia e Ambiente. La sfida del terzo millennio*, Bolonha, EMI, 2005).

hectare por pessoa. Levando em conta as necessidades de matéria e de energia, as superfícies necessárias para absorver resíduos e detritos da produção e do consumo (cada vez que queimamos um litro de gasolina, precisamos de 5 m² de floresta durante um ano para absorver o CO_2!) e acrescentando a isso o impacto do hábitat e das infraestruturas necessárias, os pesquisadores do instituto californiano Redifining Progress e da World Wide Fund For Nature (WWF) calcularam que o espaço bioprodutivo consumido por uma pessoa era de 2,2 hectares em média. Portanto, os homens já saíram da senda de um modo de civilização sustentável que teria de se limitar a 1,8 hectare – supondo que a população atual permaneça estável. Portanto, já estamos vivendo a crédito. Além disso, essa pegada média esconde disparidades muito grandes. Um cidadão dos Estados Unidos consome 9,6 hectares, um canadense 7,2, um europeu 4,5, um francês 5,26, um italiano 3,8. Apesar de haver diferenças notáveis de espaço bioprodutivo disponível em cada país, estamos muito longe da igualdade planetária[60]. Cada americano consome aproximadamente 90 toneladas de materiais naturais diversos, um alemão 80, um italiano 50 (ou seja, 137 kg por dia)[61]. Em outras

---

60. Gianfranco Bologna (org.), *Italia capace di futuro*, Bolonha, WWF-EMI, 2001, pp. 86-8.
61. Paolo Cacciari, *Pensare la decrescita. Sostenibilità ed equità*, Cantieri Carta/Intra Moenia, 2006, p. 27. "A necessidade total de materiais por habitante nos Estados Unidos é atualmente de 80 toneladas

palavras, a humanidade já consome quase 30% além da capacidade de regeneração da biosfera. Se todos vivessem como nós, franceses, seriam precisos três planetas contra seis para acompanhar nossos amigos americanos.

Como isso é possível? Graças a dois fenômenos. Primeiro, porque, como crianças pródigas, não nos contentamos em viver de nossa renda, vivemos comendo nosso patrimônio. Queimamos em algumas décadas o que o planeta levou milhões de anos para fabricar. Nosso consumo anual de carbono e de petróleo equivale a uma biomassa acumulada sob a crosta terrestre em 100 mil anos de fotossíntese do sol[62]. Depois porque recebemos, no Norte, uma assistência técnica maciça dos países do Sul. A maioria dos países da África consome menos de 0,2 hectare de espaço bioprodutivo, ou seja, um décimo de planeta, embora forneçam os alimentos de nosso gado. Também é preciso destruir um hectare de madeira para produzir uma tonelada de farelo de soja. Se, daqui até 2050, não modificarmos a trajetória, a dívida ecológica, ou seja, a soma dos déficits acumulados, corresponderá a 34 anos de produtividade biológica do

---

por ano. Ou [...] para gerar 100 dólares de renda, necessita-se de cerca de 300 kg de recursos naturais" (Yves Cochet e Agnès Sinai, *Sauver la terre, op. cit.*, p. 38).

62. De acordo com o cálculo do historiador alemão R. Peter Sieferle in Piero Bevilacqua, *Demetra e Clio: uomini e ambiente nella storia*, Roma, Donzelli, 2001, p. 112. Um litro de gasolina provém de 23 toneladas de matéria orgânica transformada num período de um milhão de anos! (Dominique Belpomme, *op. cit.*, p. 229).

planeta inteiro[63]. Mesmo que os africanos apertem o cinto ainda mais, não teremos como encontrar esses 34 planetas necessários para ressarcir!

A entrada de nosso sistema numa órbita errônea remonta ao século XVIII, mas a dívida ecológica é recente. Em termos mundiais, ela passou de 70% para 120% do planeta entre 1960 e 1999[64].

Além disso, para manter a biodiversidade, é essencial poupar uma parte da capacidade produtiva da biosfera para garantir a sobrevivência das outras espécies, particularmente a das espécies selvagens. Essas reservas de biosfera devem ser equitativamente distribuídas entre os diferentes domínios biogeográficos e os principais biomas[65]. Como o patamar mínimo dessa parte a ser preservada é avaliado em 10% do espaço bioprodutivo[66], seria sensato decretar desde já uma moratória para reservar o que ainda está disponível para as espécies animais e vegetais em questão.

Uma falsa solução: reduzir a população

Para resolver a equação da sustentabilidade ecológica, será que não bastaria reduzir o tamanho

63. WWF, *op. cit.*, p. 22.
64. "A pegada pasto da humanidade aumentou 80% entre 1961 e 1999", Yves Cochet e Agnès Sinai, *op. cit.*, p. 36.
65. WWF, Relatório *Planeta vivo 2006*, p. 3.
66. Para Jean-Paul Besset: "Compartilhar o espaço com as outras espécies, deixando-lhes por exemplo os últimos 20% do espaço terrestre de que a humanidade ainda não se apropriou, passa pela interrupção do caráter sistemático dos processos de planificação, de infraestruturas e de urbanização", *op. cit.*, p. 318.

do denominador até encontrar uma pegada correta? Os geopolíticos conservadores preconizam essa solução preguiçosa. Num memorando datado de 10 de dezembro de 1974, intitulado "Incidências do crescimento da população mundial sobre a segurança dos Estados Unidos e sobre seus interesses ultramarinos", Henry Kissinger escreveu: "Para perpetuar a hegemonia americana no mundo e garantir aos americanos um livre acesso aos minerais estratégicos de todo o planeta, é necessário conter ou até reduzir a população dos treze países do Terceiro Mundo (Índia, Bangladesh, Nigéria...), cujo peso demográfico por si só já os condena, por assim dizer, a desempenhar um papel de primeiro plano em política internacional." Para atingir essa meta, é preciso fazer os líderes do Terceiro Mundo aceitarem os métodos de controle de natalidade, por meio de uma incitação política (tomando cuidado para que tais pressões não apareçam como uma "forma de imperialismo econômico ou racial"!!!). E, se esse plano se revelasse ineficaz, seria preciso recorrer a métodos mais coercitivos. Também era essa a opinião do Dr. M. King, um dos responsáveis pelas estratégias demográficas: "Tentem o planejamento familiar, mas, se isso não der certo, deixem morrer os pobres, porque eles constituem uma ameaça ecológica"!!! Já nos anos 1950, um autor americano, William Vogt, pregava uma redução drástica da população: "Uma guerra bacteriológica de grandes proporções seria um meio eficaz, se fosse energicamente conduzida, de devolver à terra suas florestas e suas pastagens."[67] A "solução final" do problema ecológico pela redução demográfica se apoiaria em algumas evidências de bom senso, do tipo: um planeta finito é incompatível com uma população infinita.

"A verdade", segundo David Nicholson-Lord, que se faz porta-voz dessas ideias, "é que modos de vida mais ecológicos podem certamente fazer a diferença, mas que uma vida com zero de impacto é uma quimera e que o número de habitantes conta muito. Os estudos de pegadas ecológicas de Andrew Ferguson da Optimum Population Trust mostram que, se os 6 bilhões de habitantes vivessem com um modo de vida ocidental modesto totalmente baseado em energias renováveis, ainda precisaríamos de 1,8 planeta."[68] Por volta dos anos 1970, em *La Surchauffe de la croissance* [O superaquecimento do crescimento], François Meyer deu o sinal de alarme. Segundo ele, a aceleração demográfica de forma superexponencial é um fato central que nos afasta de qualquer solução logística capaz de nos reconduzir a um certo equilíbrio.[69]

67. Jean-Pierre Tertrais, *Du développement...*, op. cit., p. 35.
68. "Sommes-nous trop nombreux?", *L'Écologiste*, nº 20, setembro-novembro de 2006, p. 20.
69. *La Surchauffe de la croissance*, Paris, Fayard, 1974 (ver também *Problématique de l'évolution*, Paris, PUF, 1954). Em *Le Théorème du nenuphar*, Albert Jacquart também nota que, com uma taxa de crescimento constante de 0,5% ao ano, a população humana, que era de cerca de 250 milhões de indivíduos no começo de nossa era, seria de 5 trilhões hoje.

Com base em 135 milhões de km² de terras emersas, ele fazia o seguinte cálculo: em 1650, a superfície teoricamente disponível por indivíduo era de 0,28 km², em 1970, ela não passa de 0,04 km², ou seja, sete vezes menos, e em 2070, segundo todas as probabilidades, ela estará reduzida a 0,011 km², isto é, quatro vezes menos, o que equivale a um espaço bioprodutivo insuficiente para sobreviver.

Inversamente, uma visão igualmente mecanicista – mas otimista – destaca que, no tempo em que a população do planeta se multiplicou por um coeficiente 6, passando em dois séculos e meio de 1 para 6 bilhões, as forças produtivas se multiplicaram várias centenas de vezes. Portanto, em teoria, cada um dos 6 bilhões de indivíduos talvez esteja estatisticamente cem vezes mais rico que seu ancestral. Por conseguinte, não há motivo para se preocupar!

Quantos seremos em 2050, data simbólica (e arbitrária) da hora da verdade, em que se acumularão os efeitos da mudança climática, do fim do petróleo (e até dos recursos haliêuticos[70]) e das crises econômicas e financeiras previsíveis? De 12 a 15 bilhões, como previa o primeiro relatório do Clube de Roma há 35 anos? Nove bilhões, segundo as análises dos demógrafos que se baseiam na

---

70. Conforme um relatório da FAO, se as retiradas continuarem no ritmo atual, os oceanos estarão esgotados, considerando todos os tipos de pesca, em 2048 (Boris Worm *et al.*, "*Impacts of Biodiversity Loss on Ocean Ecosystem Services*", *Science*, vol. 314, novembro de 2006, pp. 787-90).

"transição" demográfica? Muito menos se a esterilidade da espécie, sob efeito das substâncias reprotóxicas, continuar a progredir e a humanidade se encaminhar para sua extinção? Difícil ser profeta. Segundo o professor Belpomme, "existem cinco cenários possíveis para nosso desaparecimento: o suicídio pela violência, por exemplo, uma guerra atômica [...], o surgimento de doenças extremamente graves, como uma pandemia infecciosa ou uma esterilidade que provoque um declínio demográfico irreversível, o esgotamento dos recursos naturais [...], a destruição da biodiversidade [...], enfim, modificações físico-químicas extremas de nosso ambiente inerte, tais como o desaparecimento do ozônio estratosférico e o agravamento do efeito estufa"[71].

Contudo, essas abordagens escamoteiam o principal problema, a lógica de desmedida de nosso sistema econômico. Se esta for jugulada e a indispensável mudança de paradigma se realizar, a questão demográfica pode ser abordada e resolvida mais serenamente. As tensões são elásticas. O excesso de consumo de carne por parte dos ricos, fonte de vários problemas sanitários e ecológicos, exige dedicar 33% das terras aráveis do planeta (além dos 30% das superfícies emersas que constituem pastagens naturais)[72] à cultura de forragem.

---

71. Dominique Belpomme, *Avant qu'il ne soit trop tard, op. cit.*, p. 194.
72. Thierry Paquot, *Petit manifeste pour une écologie existentielle*, Paris, Bourin éditeur, 2007, p. 13.

Uma diminuição relativa da criação de animais com melhora do tratamento do rebanho possibilitaria alimentar uma população mais numerosa e de maneira mais sadia e, ao mesmo tempo, diminuir a emissão de dióxido de carbono[73]. Pode-se concordar com Jean-Pierre Tertrais: "Portanto, o problema colocado já não é o de indagar sobre o aspecto matemático das variações da espécie humana: é imperativo que esta consiga, no atual século, chegar a uma estabilização de sua população. A questão central é saber se esse movimento será imposto pelos acontecimentos, por políticas autoritárias, por métodos baseados na coerção ou até na barbárie, ou se ele resultará de uma escolha voluntária, não admitindo que o desejo de procriação se torne programável por uma pretensa elite esclarecida."[74] Talvez seja a um especialista de nossos sábios primos, os bonobos, que caiba a última palavra: "O problema colocado por uma demografia mundial galopante", escreve Frans de Waal, "não é tanto saber se somos ou não capazes de administrar o superpovoamento, mas se saberemos dividir os recursos com honestidade e equidade."[75] Esse é o desafio do decrescimento.

---

73. Lembremos que a criação de animais seria responsável por 37% das emissões de metano decorrentes de atividades humanas, ou seja, mais, em equivalente de CO_2, do que o setor de transportes.
74. Jean-Pierre Tertrais, *Du développement...*, *op. cit.*, p. 37.
75. Frans de Waal, *Le Singe en nous*, Paris, Fayard, 2006, p. 213.

A corrupção política do crescimento

Durante os Trinta Gloriosos, só era possível denunciar os efeitos nocivos do crescimento e do desenvolvimento no Sul, ali onde eles eram mais visíveis, porque acarretavam desculturação, homogeneização e pauperização. Se, no Norte, a pauperização no sentido econômico contrariava a evidência vivida durante a era consumista, a desculturação e a despolitização avançavam contudo a grandes passos. Havia quem analisasse e denunciasse esse fenômeno de maneira mais ou menos habilidosa, como Pier Paolo Pasolini ou Guy Debord. A destruição das cidades em tempos de paz, com a "periferização" das novas camadas médias ou imigradas (em condomínios residenciais, em grandes conjuntos ou em HLM*), o incremento na participação das grandes redes de varejo (super e hipermercados), do automóvel e da televisão, minavam sub-repticiamente a cidadania, fabricando um "segundo povo" quase invisível e sem voz, facilmente manipulado por um poder midiático sem escrúpulos, ligado às empresas transnacionais. A globalização, ao favorecer grandes deslocamentos de populações e o desmantelamento das redes de proteção social, concluiu a destruição da cultura popular. Essas evoluções abriram caminho para uma classe política populista, corrup-

---

* Habitações de aluguel módico, conjuntos habitacionais subsidiados. (N. da T.)

ta, quando não criminosa. Na Itália, o "fenômeno Berlusconi" é uma ilustração caricatural disso. Mas a *berslusconização*, com ou sem o "Cavaliere", continua causando devastação em toda a Europa e fora dela. O fenômeno das "maiorias satisfeitas", segundo a feliz análise de John Kenneth Galbraith[76], que se manifesta pela passagem que as classes médias fazem da solidariedade para o egoísmo individual, e pela orientação dos Estados ocidentais em direção à contrarrevolução neoliberal que desmantela o Estado-providência, possibilitou a transição e ao mesmo tempo mascarou o fenômeno. Por isso é que o projeto de decrescimento passa necessariamente por uma refundação do político.

---

76. John Kenneth Galbraith, *Le Nouvel État industriel* (1967), tradução francesa, Paris, Gallimard, 1974.

II. O DECRESCIMENTO: UMA UTOPIA CONCRETA

> "Para viver melhor, é preciso daqui em diante produzir e consumir de outra maneira, fazer melhor e mais com menos, eliminando, para começar, as fontes de desperdício (exemplo: as embalagens perdidas, o mau isolamento térmico, a prevalência do transporte rodoviário etc.) e aumentando a durabilidade dos produtos."
>
> André GORZ[1]

A revolução do decrescimento

Hoje mais do que nunca, o desenvolvimento sacrifica as populações e seu bem-estar concreto e local no altar de um bem-ter abstrato, desterritorializado. Claro, esse sacrifício em honra de um povo mítico e desencarnado é feito em proveito dos "empreendedores do desenvolvimento" (as empresas transnacionais, as autoridades políticas, os tecnocratas e as máfias). O crescimento, hoje, só é um negócio rentável se seu peso recair sobre a natureza, as gerações futuras, a saúde dos consumidores, as condições de trabalho dos assalariados e, mais ainda, sobre os países do Sul. Por isso

---

1. *Capitalisme, socialisme, écologie, op. cit.*, p. 194.

uma ruptura é necessária. Todo o mundo ou quase todo o mundo concorda com isso, mas ninguém ousa dar o primeiro passo. Todos os regimes modernos foram produtivistas: repúblicas, ditaduras, sistemas totalitários, fossem seus governos de direita ou de esquerda, liberais, socialistas, populistas, social-liberais, socialdemocratas, centristas, radicais, comunistas. Todos propuseram o crescimento econômico como uma pedra angular inquestionável de seu sistema. A mudança indispensável de rumo não é daquelas que uma simples eleição poderia resolver instituindo um novo governo ou votando a favor de outra maioria. O que é necessário é bem mais radical: uma revolução cultural, nem mais nem menos, que deveria culminar numa refundação do político.

Tentar esboçar os contornos do que poderia ser uma sociedade de não crescimento é um pré-requisito de qualquer programa de ação política que respeite as exigências ecológicas atuais.

O projeto do decrescimento é portanto uma utopia, ou seja, uma fonte de esperança e de sonho. Todavia, longe de se refugiar no irreal, tenta explorar as possibilidades objetivas de sua aplicação. Daí o qualificativo "utopia concreta", no sentido positivo que lhe deu Ernst Bloch[2]. "Sem a hipótese de que um outro mundo é possível, não há política, há apenas a gestão administrativa dos ho-

2. Ernst Bloch, *Le Principe Espérance*, (1ª edição Frankfurt, 1953) Paris, Gallimard, 1976.

mens e das coisas".[3] O decrescimento é portanto um projeto político, no sentido forte do termo, projeto de construção, no Norte e no Sul, de sociedades conviviais autônomas e econômicas, sem por isso ser um programa no sentido eleitoral do termo: ele não se inscreve no espaço da política politiqueira, mas visa devolver toda a sua dignidade ao político. Ele pressupõe um projeto baseado numa análise realista da situação; contudo, esse projeto não pode ser imediatamente transformado em objetivos passíveis de serem postos em ação. O que se procura é a coerência teórica do conjunto. Embora, para fins de exposição, seja cômodo distinguir etapas, estas não devem ser interpretadas como as de uma agenda. O calendário vem depois. Assim é que se deve entender o círculo dos oito "erres" e as perspectivas que deles se extraem. Passaremos brevemente em revista as etapas desse processo de transformação (diferentes das fases concretas, que serão examinadas na terceira parte)[4] e vamos nos demorar em algumas daquelas que ocupam um lugar "estratégico". Na prática – e é bom que assim seja – essas etapas se confundem e interagem continuamente, o que permite considerar as mudanças de forma progressiva administrando transições das quais o esquema teórico não dá conta.

3. Geneviève Decrop, "Redonner ses chances à l'utopie", *Utopia*, nº 1, p. 81.
4. Esses 8 "erres" são objeto de amplos desenvolvimentos em *Le Pari de la décroissance* aos quais remetemos o leitor interessado.

O círculo virtuoso do decrescimento sereno

Nos anos 1960, os professores de economia e os tecnocratas se deleitavam com os círculos virtuosos do crescimento. Essa época, qualificada de "Trinta Gloriosos", foi sucedida por aquela que os economistas críticos designam como os "Trinta Lastimosos". Na realidade, os próprios Trinta Gloriosos, feito o balanço dos estragos sofridos pela natureza e pela humanidade, também foram, como diz o "jardineiro planetário" Gilles Clément, "Trinta Desastrosos"[5]. Afinal, os círculos virtuosos revelaram-se basicamente perversos sob vários aspectos. O desequilíbrio climático que nos ameaça hoje é fruto de nossas "loucuras" de ontem. Em compensação, a revolução exigida para a construção de uma sociedade autônoma de decrescimento pode ser representada pela articulação sistemática e ambiciosa de oito mudanças interdependentes que se reforçam mutuamente. Podemos sintetizar o conjunto delas num "círculo virtuoso" de oito "erres": reavaliar, reconceituar, reestruturar, redistribuir, relocalizar, reduzir, reutilizar, reciclar. Esses oito objetivos interdependentes são capazes de desencadear um processo de decrescimento sereno, convivial e sustentável[6].

---

5. Gilles Clément e Louisa Jones, *Une écologie humaniste*, Paris, Aubanel, 2006.

6. Poderíamos encompridar ainda mais a lista dos "erres" e, a cada intervenção ou quase, aparece alguém propondo um novo R

Reavaliar. Vivemos em sociedades que repousam sobre velhos valores "burgueses": a honestidade, servir ao Estado, a transmissão do saber, o trabalho benfeito etc. Todavia, "é público e notório que esses valores se tornaram derrisórios, [...] a única coisa que conta é a quantidade de dinheiro que você embolsou, pouco importa como, ou a quantidade de vezes que você apareceu na televisão"[7]. Para dizê-lo de outra forma, com Dominique Belpomme, os "bastidores" do sistema revelam "uma megalomania individualista, uma recusa da moral, um gosto pelo conforto, um egoísmo"[8]. Percebe-se de imediato quais valores cumpre promover, aqueles que deveriam predominar em relação aos valores (ou ausência de valores) dominantes atuais. O altruísmo deveria prevalecer sobre o egoísmo, a cooperação sobre a competição desenfreada, o prazer do lazer e o *éthos* do jogo sobre a obsessão do trabalho, a importância da vida

que julga essencial, como radicalizar, adaptar [*reconvertir*], redefinir, reinventar (a democracia), redimensionar, remodelar, reabilitar, reduzir (a velocidade), relaxar, restituir, devolver [*rendre*], recomprar, ressarcir, renunciar, repensar etc. – mas todos esses "erres" já estão mais ou menos incluídos nos oito primeiros.

7. Cornelius Castoriadis, *La Montée de l'insignifiance, Les Carrefours du labyrinthe IV*, Paris, Le Seuil, 1996, p. 68.

8. *Ibid.*, p. 220. Ele acrescenta: "Que observamos no mundo? A mentira, uma justiça de dois pesos e duas medidas, a busca do poder pelo poder, do dinheiro pelo dinheiro, a exclusão dos pobres, a calúnia, a cupidez e a corrupção, a democracia achincalhada, a dessacralização dos valores, mas a sacralização dos meios que se tornam fins em si, a recusa de cultura, as guerras, a tortura e, finalmente, a transgressão dos direitos."

social sobre o consumo ilimitado, o local sobre o global, a autonomia sobre a heteronomia, o gosto pela bela obra sobre a eficiência produtivista, o sensato sobre o racional, o relacional sobre o material etc. "Preocupação com a verdade, senso de justiça, responsabilidade, respeito da democracia, elogio da diferença, dever de solidariedade, vida espiritual: eis os valores que devemos reconquistar a qualquer preço, pois são a base de nosso florescimento e nossa salvaguarda para o futuro".[9]

O filósofo John Dewey já denunciava a "cultura pecuniária" e acusava a instituição escolar de preparar a criança para o mundo da competição em vez de ser um laboratório da cidadania[10]. Que teria ele dito se tivesse conhecido a sociedade de comunicação atual, com seus excessos de manipulação através da publicidade? "Assim como custa entender como uma 'sociedade de consumo' poderia continuar a existir se estivesse composta de cidadãos de costumes ascéticos que levassem uma vida monástica", escreve François Brune, "tampouco se pode imaginar uma sociedade de decrescimento que funcione com indivíduos que, até o fundo reflexo de suas pulsões espontâneas, fossem moldados pelo imaginário e pelo 'modo de vida' da 'sociedade de consumo'"[11].

9. *Ibid.*, p. 221.
10. Philippe Chanial, "Une foi commune: démocratie, don et éducation chez John Dewey", in *Revue du MAUSS*, nº 28, Paris, La Découverte, segundo semestre de 2006.
11. François Brune, "La frugalité heureuse: une utopie?", *Entropia*, nº 1, p. 73.

Convém sobretudo passar de uma crença na dominação da natureza para a busca de uma inserção harmoniosa. Substituir a atitude do predador pela do jardineiro… Para os cristãos ecologistas, esse seria o décimo primeiro mandamento: "Respeitar a natureza enquanto criação divina."[12] A fantasia tecnicista e prometeica de uma artificialização do universo é uma forma de recusa do mundo e do ser[13].

Reconceituar. A mudança de valores acarreta outro olhar sobre o mundo e, portanto, outra maneira de apreender a realidade. Re-conceituar, ou redefinir/redimensionar, impõe-se, por exemplo, para os conceitos de riqueza e de pobreza[14], mas

---

12. Sobre a Eleventh Commandment Fellowship (Sociedade do décimo primeiro mandamento) desenvolvida pelo teólogo Paul F. Knitter, pode-se consultar o trabalho de Vittorio Lanternari, *Ecoantropologia. Dall'ingerenza ecologica alla svolta etico-culturale*, Bari, Edizioni Dedalo, 2003. Não é por acaso que Knitter é também um adepto do "relativismo religioso" e do diálogo intercultural e, por todos esses motivos, seja atacado pelo "teocons" (teólogos conservadores), que vão de vento em popa desde a eleição do cardeal Ratzinger, novo pontífice romano.

13. Ver a bela tese de Camilla Narboni, "Sull'incuria della cosa: considerazioni filosofiche sui rifiuti e sul mondo saccheggiato", Universidade de Pávia, 2006.

14. Ao mesmo tempo que, com a globalização e a destruição das solidariedades orgânicas, prossegue no Sul a deslegitimação da sobriedade tradicional e a miséria aparece. Ver Philippe Tanguy, "Pauvreté et cohésion sociale en Mauritanie. Construction sociale et fonction d'une catégorie stigmatisante: la pauvreté", *Maghreb-Machreck*, n.º 190, 2007. Ver também: Patrick Viveret, *Reconsidérer la richesse*, L'Aube/ Nord, 2003; Majid Rahnema, *Quand*

também para o par infernal escassez/abundância, fundador do imaginário econômico e que urge desconstruir. Como bem mostraram Ivan Illich e Jean-Pierre Dupuy, a economia transforma a abundância natural em escassez pela criação artificial da falta e da necessidade mediante a apropriação da natureza e sua mercantilização[15]. Última ilustração do fenômeno: depois da privatização da água, a apropriação do ser vivo, em particular com os OGM. Assim, os camponeses são despojados da fecundidade natural das plantas em benefício das empresas agroalimentares. "A imaginação do mercado", observa Bernard Maris, "é incomensurável. Tal como um cuco, ele se instala em tudo o que é gratuito. Exclui uns e outros, etiqueta a gratuidade, impõe-lhe logotipos, marcas, pedágios e depois a revende."[16] Essa escassez postulada pelos economistas se torna uma profecia que se autorrealiza e não poderemos sair da economia sem enfrentar o desafio do desaparecimento dos recursos naturais.

Reestruturar. "Reestruturar" significa adaptar o aparelho produtivo e as relações sociais em fun-

---

la misère chasse la pauvreté, Fayard/Actes Sud, 2003; Arnaud Berthoud, "La richèsse et ses deux types", *Revue du MAUSS*, n.º 21, 1.º semestre de 2003.

15. Paul Dumouchel e Jean-Pierre Dupuy, *L'Enfer des choses*, Paris, Le Seuil, 1979; Jean-Pierre Dupuy e Jean Robert, *La Trahison de l'opulence*, Paris, PUF, 1976.

16. Bernard Maris, *Antimanuel...*, *op. cit.*, p. 48.

ção da mudança de valores. Essa reestruturação será tanto mais radical quanto mais o caráter sistêmico dos valores dominantes for abalado. O que está em questão aqui é a orientação para uma sociedade de decrescimento. Isso coloca a questão concreta da saída do capitalismo, que examinaremos no momento adequado, e a da transformação de um aparelho produtivo que tem de se adaptar à mudança de paradigma[17].

Redistribuir. A reestruturação das relações sociais já é *ipso facto* uma redistribuição. Esta compreende a distribuição das riquezas e o acesso ao patrimônio natural, tanto entre o Norte e o Sul como dentro de cada sociedade, entre as classes, as gerações e os indivíduos.

A redistribuição terá um duplo efeito positivo sobre a redução do consumo. Diretamente, reduzindo o poder e os meios da "classe consumidora mundial" e, mais particularmente, os da oligarquia dos grandes predadores. Indiretamente, diminuindo a incitação ao consumo ostentatório. Com efei-

17. E, por exemplo, a conversão das fábricas de automóveis em fábricas para fazer aparelhos de recuperação de energia por cogeração. De fato, para construir um microgerador basta um motor de carro associado a um alternador e instalado num molde metálico. As competências, as tecnologias e até as instalações necessárias são praticamente idênticas. Ora, a cogeração difusa permite passar de um rendimento energético de aproximadamente 40% para 94%! Assim, ela economiza ao mesmo tempo o consumo de energia fóssil e a emissão de CO_2 (Ver Maurizio Pallante, *Un futuro senza luce?*, Roma, Editori Riuniti, 2004).

to, segundo a clássica análise de Thorstein Veblen, o desejo de consumir depende menos da existência de uma necessidade do que do desejo de afirmar seu *status* imitando o modelo daqueles que estão logo acima de nós[18].

As relações de redistribuição Norte/Sul colocam enormes problemas. Contraímos em relação ao Sul uma imensa "dívida ecológica"[19]. Começar a *ressarci*-la reduzindo nossa predação seria um ato de justiça. Como veremos, não se tratará tanto de dar mais, e sim de extrair menos[20].

A pegada ecológica (que pode até ser detalhada por tipo de atividade ou de consumo) é um bom instrumento para determinar os "direitos de saque" de cada um. É possível imaginar "mercados" desses direitos em vários níveis para favorecer as trocas de rações e de licenças para consumir. Evidentemente, não se trata de *mercantilizar* um pouco mais a natureza, mas de introduzir alguma

18. Thorstein Veblen, *Théorie de la classe de loisir*, Paris, Gallimard, col. "Tel", 1970. Hervé Kempf, com muita propriedade, recuperou essa análise em *Comment les riches detruisent la planète*, Paris, Le Seuil, 2007.

19. Attac, *Pauvreté et inégalités, ces créatures du néolibéralisme*, Paris, Mille et une nuits, 2006, p. 44.

20. "A chamada dívida ecológica dos países ricos em relação aos países pobres: os primeiros tomam 'emprestadas' dos países do Sul (sem pagar por elas, enquanto não houver altas taxas) enormes superfícies de recursos naturais, terras aráveis, florestas. Exportam para eles sua poluição, ao menos aquela que não conhece fronteiras, a começar pela dos gases do efeito estufa", WWF, *op. cit.*, p. 25.

flexibilidade no modo de gestão de seus limites. O desafio, nesse caso como em outros, está na passagem ao ato.

Relocalizar. "Relocalizar" significa, é claro, produzir localmente, no que for essencial, os produtos destinados à satisfação das necessidades da população, em empresas locais financiadas pela poupança coletada localmente. Toda produção que possa ser feita em escala local para necessidades locais deveria, portanto, ser realizada localmente. Se as ideias devem ignorar as fronteiras, os movimentos de mercadorias e de capitais devem, ao contrário, limitar-se ao indispensável. Do ponto de vista da construção de uma sociedade de decrescimento sereno, a relocalização não é apenas econômica. A política, a cultura, o sentido da vida é que devem recuperar sua ancoragem territorial. Isso implica que toda decisão econômica, política e cultural que possa ser tomada em escala local deve ser tomada localmente.

Reduzir. "Reduzir" significa, em primeiro lugar, diminuir o impacto sobre a biosfera de nossos modos de produzir e de consumir. Trata-se, inicialmente, de limitar o consumo excessivo e o incrível desperdício de nossos hábitos: 80% dos bens postos no mercado são utilizados uma única vez, antes de ir direto para a lata de lixo![21] Hoje, os países

---

21. Nicolas Hulot, *Pour un pacte écologique, op. cit.*, p. 237.

ricos produzem 4 bilhões de toneladas de resíduos por ano[22]. A produção de lixo doméstico por habitante é de 760 kg por ano nos Estados Unidos, 380 kg na França e 200 kg na maioria dos países do Sul[23]. Outras reduções são desejáveis, desde a dos riscos sanitários até a dos horários de trabalho. A redução dos riscos sanitários deveria implicar antes a "precavenção" (precaução/prevenção), para retomar o neologismo do professor Belpomme, do que a reparação – pensemos que, em 2005, as farmácias francesas venderam 2,6 bilhões de caixas e de frascos, isto é, um crescimento de 8% em comparação com o ano anterior!

Outra redução necessária: o turismo de massa. A idade de ouro do consumismo quilométrico ficou para trás. No momento em que Richard Branson, o bilionário inglês proprietário do grupo Virgin, quer pôr o turismo espacial ao alcance de todos[24], o próprio jornal muito ortodoxo *Financial Times* reconhece: "O turismo será considerado cada vez mais o inimigo público ambiental número 1."[25] Sem dúvida inscrito no coração do homem, o desejo de viajar e o gosto pela aventura são uma fonte de enriquecimento que não deve secar, mas a curiosidade legítima e a pesquisa educativa fo-

22. Bernard Maris, *Antimanuel...*, *op. cit.*, p. 327.
23. Fonte: Thierry Paquot, *Petit manifeste pour une écologie existentielle*, *op. cit.*, p. 45.
24. *Le Monde*, 19 de abril de 2006.
25. Richard Tomkins, "Welcome to the age of less", *Financial Times*, 10 de novembro de 2006.

ram transformadas pela indústria turística em consumo mercantil destruidor do meio ambiente, da cultura e do tecido social dos países "alvo". O "*bougisme*"*, a mania de ir cada vez mais longe, cada vez mais rápido, com uma frequência cada vez maior (e pagando cada vez menos), essa necessidade amplamente artificial criada pela vida "supermoderna", exacerbada pelos meios de comunicação, solicitada pelas agências de viagem, pelos guias de viagem e pelas operadoras de turismo, tem de ser revista para baixo. É legítimo indagar se o "ecoturismo", definido como um turismo ético, justo ou responsável, proposto no lugar do turismo de massa, não formaria um oximoro cúmplice daquele outro que é o desenvolvimento sustentável: acaso não visa ele prolongar a sobrevivência de uma atividade mercantil, condenada e condenável? O álibi por ele alegado de ajudar o "desenvolvimento" do Sul é falacioso. Segundo a Federação Artesãos do Mundo, num pacote de viagens de 1000 euros, menos de 200 euros em média ficam com o país hóspede. Por causa da penúria de petróleo e do desequilíbrio climático, eis o que o futuro nos promete: cada vez menos longe, com uma frequência cada vez menor, cada vez menos rápido e cada vez mais caro. A bem dizer, isso só é dramático devido ao vazio e ao desencantamento que nos fazem viver de forma cada vez

---

* Neologismo, que vem de *bouger* = mover-se, mexer-se. (N. da T.)

mais virtual, quando, na realidade, viajamos às expensas do planeta. Temos de reaprender a sabedoria dos tempos passados: desfrutar da lentidão, apreciar nosso território. Segundo Bernard Revel, "Viajar era, outrora, uma aventura cheia de imprevistos, de tempos e de incertezas, a começar pela do retorno. [...] Comumente, contudo, homem de solas enraizadas, permanecia-se na terra natal. Um campanário no centro e à volta dele toda o horizonte delimitam um território suficiente para uma vida de homem. Entre mil e um possíveis, escolher aquele que o acaso propõe no próprio lugar em que ele nos fez nascer, não é obrigatoriamente uma falta de imaginação. Pode até ser o contrário. Não é preciso se mover para que a imaginação abra suas asas"[26]. Diferentemente dos 750 povos papuas, condenados durante milênios a viver toda a experiência humana no horizonte limitado de seu cantão (algo com que eles não pareciam sofrer em demasia), temos a sorte inédita, graças às maravilhas da tecnologia, de poder viajar virtualmente sem sair de casa. Além disso, a alma aventureira sempre poderá ir até as ilhas Seychelles numa prancha a vela, se essas ilhas não tiverem sido engolidas pelo oceano...

Reduzir o tempo de trabalho, enfim, é um elemento essencial, que também encontraremos na política de luta contra o desemprego. Trata-se por

---

26. Bernard Revel, *Journal de la pluie et du beau temps*, Canet, Trabucaire, 2005, p. 119.

certo de distribuir o trabalho para que todos os que assim quiserem possam ter um emprego. A redução deveria se combinar com a possibilidade de mudar de atividade conforme momentos conjunturais ou da vida pessoal. Segundo Willem Hoogendijk, conviria diversificar o tipo de trabalho. "Se, por exemplo, a montagem de aparelhos de televisão constitui o principal emprego, durante uma queda da demanda de televisores, o assalariado pode se dedicar a uma atividade agrícola, a um centro de jardinagem comercial, a uma atividade num canteiro de obras, ou na educação, nos transportes, nos cuidados da saúde, na prática de esportes com adolescentes problemáticos etc. A maioria das pessoas tem aptidões que vão bem além de seu trabalho assalariado comum – como se constata por tudo o que fazem nas horas vagas. Embora até agora haja uma tendência hostil, compreensível, por parte dos sindicatos em relação a elas, as atuais agências de contratação de temporários, populares tanto entre os empregadores quanto entre muitos empregados – esses últimos devido à diversidade dos trabalhos propostos –, são um passo na direção correta."[27] Bastaria concebê-las em outro espírito.

Antes de mais nada, trata-se de se desintoxicar do vício do "trabalho", elemento importante do drama produtivista. Não construiremos uma so-

27. Willem Hoogendijk, "Let's Regionalise the Economy – and Cure Ourselves of a Host of Ills!", nota de abril de 2003.

ciedade serena de decrescimento sem recuperar as dimensões recalcadas da vida: o prazer de cumprir seu dever de cidadão, o prazer das atividades de fabricação livre, artística ou artesanal, a sensação do tempo recuperado para a brincadeira, a contemplação, a meditação, a conversação, ou até, simplesmente, para a alegria de estar vivo[28].

Reutilizar/reciclar. Nenhuma pessoa de bom senso contesta a necessidade de reduzir o desperdício desenfreado, de combater a obsolescência programada dos equipamentos e de reciclar os resíduos não reutilizáveis diretamente. As possibilidades são muitas e várias foram frequentemente testadas em escala reduzida. Por exemplo, na Suíça, as empresas Rohner e Design Tex conceberam e produziram um tecido para estofamento que se decompõe de maneira natural no fim de seu ciclo de vida. Outras empresas criaram carpetes que, depois de usados, podem ser utilizados como cobertura vegetal para jardins por serem compostos de matéria orgânica. A Basf, gigante alemã da in-

---

28. "O *tempo liberado*", escreve Thierry Paquot, "não é 'tempo livre' – imediatamente capturado pelas indústrias dos lazeres, da saúde e da diversão –, mas uma reconciliação, às vezes tensa e contraditória, consigo mesmo. O tempo liberado não é de forma nenhuma um resíduo – o que 'resta depois' do transporte, do trabalho, das encomendas, da família etc. –, mas uma exigência, a da dignidade humana, do controle o menos incompleto possível do destino individual", *Petit manifeste pour une écologie existentielle*, *op. cit.*, p. 65.

dústria química, imaginou um tecido de fibra de *nylon* indefinidamente reciclável, que pode – depois do uso do produto a que ele deu vida – ser decomposto em seus elementos essenciais antes de ser reutilizado em novos produtos. Em 1990, a Xerox – fabricante de fotocopiadoras – criou um programa graças ao qual seus produtos são pensados como uma reunião de partes que podem ser recicladas uma vez terminado seu uso. Quando os aparelhos lhe são devolvidos, a Xerox se encarrega de reutilizar uma grande parte dos materiais que os compõem[29]. Também nesse caso, o que falta são incentivos para que empresas e consumidores tomem a via "virtuosa". Contudo, é fácil concebê-los. O que falta é a vontade política de os pôr em ação.

Tudo isso desenha uma utopia no melhor sentido do termo, ou seja, a construção intelectual de um funcionamento ideal, mas também concreto, porque parte de dados existentes e de evoluções realizáveis. É um outro mundo, desejável, necessário e possível se assim quisermos.

Nesse projeto, deve-se entender autonomia no sentido forte, etimológico (*autonomos*, "que se dá suas próprias leis"), em reação à heteronomia da "mão invisível" do mercado, da ditadura dos mercados financeiros e dos ditames da tecnociência na sociedade (super)moderna. Essa autonomia não implica uma liberdade sem limites. Como

---

29. Piero Bevilacqua, *La terra è finita, op. cit.*, p. 129.

lembrava Aristóteles, é preciso começar sabendo obedecer para aprender a mandar. Na perspectiva de uma sociedade de cidadãos livres, o "saber" dessa obediência deve ser entendido sobretudo no sentido de uma aprendizagem, de uma submissão não servil à lei que nos demos (sendo a submissão servil a aprendizagem da tirania). Em ambos os casos, é incontestável o fato de haver prazer na servidão voluntária, e a tênue fronteira entre as duas formas de submissão não deixa de ser problemática. Assim como é tênue e problemática, no "consumo", a fronteira entre um uso instrumental que respeita a pessoa e uma utilização que não a respeita. A existência e o bom funcionamento da reciprocidade fazem toda a diferença entre essas duas formas. Esse é um dos inúmeros desafios que uma sociedade democrática deve encarar de forma permanente. Donde a importância da convivialidade.

A convivialidade, que Ivan Illich toma emprestada do grande gastrônomo francês do século XVIII, Brillat-Savarin[30], visa precisamente voltar a tecer o laço social desfeito pelo "horror econômico"[31]. A convivialidade reintroduz o espírito de doação no comércio social, em contraste com a lei da selva, reatando assim com a *philía* (a "amizade") aristotélica.

30. Anthelme Brillat-Savarin, autor de *La Physiologie du goût ou Méditations de gastronomie transcendante*.
31. Expressão de Arthur Rimbaud.

Haverá quem não deixe de ver nesse recurso sistemático ao prefixo "re" nos oito "erres" a marca de um pensamento reacionário, a vontade romântica ou nostálgica de um retorno ao passado. Digamos simplesmente que, afora uma leve vaidade de autor nessa forma de apresentar as etapas sob o signo da letra "erre", as ações em questão participam tanto da revolução quanto do retrocesso, tanto da inovação quanto da repetição. Se alguma reação há, é uma reação ante a desmedida, ante a *ubris* do sistema – que se traduz por uma quantidade de "super" e/ou "excesso" denunciada por Jean-Paul Besset equivalente à dos "re" que seriam necessários: "Superatividade, superdesenvolvimento, superprodução, superabundância, bombeamento excessivo de água, pesca excessiva, excesso de pastagem, consumo excessivo, embalagem excessiva, super-rendimentos, excesso de comunicação, excesso de circulação, supermedicalização, superendividamento, superequipamento..."[32] Esse sistema termoindustrial trabalhando num regime acima do previsto provoca, como nota Michael Singleton, danos cada vez maiores, designados por "uma série igualmente crescente de palavras às quais apuseram um prefixo privativo 'de(s)': a deslocalização industrial, a deflação monetária, o desencantamento político, a desmotivação cultural, a des-

---

32. Jean-Paul Besset, *Comment ne plus être progressiste, op. cit.*, p. 182. Ele acrescenta: "A superdosagem ocorre em prejuízo do vivente. A superavaliação quebra o indivíduo."

mistificação religiosa. Em todo caso," acrescenta ele, "cumpriria fazer com que o 'de' do decrescimento correspondesse ao recuo para melhor avançar ao qual o prefixo latino *dis*, que está na origem do prefixo, se presta."³³ No centro do círculo virtuoso da revolução cultural dos oito "erres" está um "erre" que pode ser encontrado em cada um deles: resistir.

O decrescimento como projeto local

Dos oito "erres", pode-se dizer que são todos igualmente importantes. Parece-me, contudo, que três deles têm um papel "estratégico": a reavaliação, porque ela preside a toda mudança, a redução, porque ela condensa todos os imperativos práticos do decrescimento, e a relocalização, porque ela concerne à vida cotidiana e ao emprego de milhões de pessoas³⁴. A relocalização ocupa, portanto, um lugar central na utopia concreta e se expressa quase imediatamente em programa político. O decrescimento parece renovar a velha fórmula dos ecologistas: pensar globalmente, agir localmente. Se a utopia do decrescimento implica

33. Michael Singleton, "Le coût caché de la décroissance", *Entropia*, n.º 1, p. 53.
34. "Quatro temas podem estruturar o espaço em devir das sociedades de sobriedade", nota Yves Cochet: "a autossuficiência local e regional, a descentralização geográfica dos poderes, a relocalização econômica e o protecionismo, a planificação concertada e o racionamento", Yves Cochet, *Pétrole apocalypse, op. cit.*, p. 208.

um pensamento global, sua realização principia em campo. O projeto de decrescimento local compreende duas facetas interdependentes: a inovação política e a autonomia econômica.

Inventar a democracia ecológica local. Para se contrapor à periferização urbana e política gerada pela sociedade de crescimento, a solução poderia consistir em retomar a "utopia" do '"ecomunicipalismo" de Murray Bookchin[35]. "Não é totalmente absurdo", escreve esse último, "pensar que uma sociedade ecológica possa ser constituída de uma municipalidade de pequenas municipalidades, cada uma das quais formada por uma 'comuna de comunas' menores [...] em perfeita harmonia com o seu ecossistema."[36] A reconquista ou a reinvenção dos *commons* (bens comunais, bens comuns, espaço comunitário) e a auto-organização de "biorregiões" constituem uma ilustração possível dessa postura[37]. A biorregião ou ecorregião, definida como uma entidade espacial coerente que traduz uma realidade geográfica, social e histórica, pode ser mais ou menos rural ou urbana. Uma biorre-

---

[35]. Murray Bookchin, *Pour un municipalisme libertaire*, Lyon, Atelier de création libertaire, 2003.

[36]. Citado por Alberto Magnaghi, "Dalla città metropolitana alla (bio)regione urbana", *in* Anna Marson (org.), *Il progetto di territorio nella città metropolitana*, Florença, Alinea editrice, 2006, p. 100.

[37]. Gustavo Esteva, *Celebration of Zapatismo, Multiversity and Citizens International*, Penang, Citizens International, 2004. Do mesmo autor com M. S. Prakash, *Grassroots Postmodernism: Remaking the Soil of Cultures*, Londres, Zed Books, 1998.

gião urbana poderia ser concebida como uma municipalidade de municipalidades ou "uma cidade de cidades", ou até uma "cidade de vilarejos": em suma, uma rede policêntrica ou multipolar, uma ecópolis[38]. Constituída de um conjunto complexo de sistemas territoriais locais, dotados de uma forte capacidade de autossustentabilidade ecológica, ela visa à redução das deseconomias externas e do consumo de energia[39].

Para alguns, estamos diante de um "dilema democrático" que pode ser enunciado assim: quanto menor é uma entidade/unidade política e, portanto, diretamente controlável por seus cidadãos, mais restritos são seus domínios de soberania[40]. Sua capacidade de decisão e de ação não se exerce sobre as questões que adentram seus limites territoriais; ela sofre a influência das dinâmicas externas[41], particularmente no terreno ecológico. Em compensação, quanto mais se estende a circunscrição política, mais diminuem as oportunidades de participação dos cidadãos. Constata-se aí uma situação de fato, mas Paola Bonora sugere abordar a questão não a partir da dimensão, mas

38. Alberto Magnaghi, *op. cit.*, pp. 69-112.
39. Paola Bonora "Sistemi locali territoriali, transcalarità e nuove regole della democrazia dal basso", in Anna Marson (org.), *Il progetto di territorio nella città metropolitana*, Florença, Alinea editrice, 2006.
40. R. A. Dahl, *I dilemmi della democrazia pluralista*, Milão, Il Saggiatore, 1988.
41. Paola Bonora, *op. cit.*, p. 113.

da identidade. O que conta é a existência de um projeto coletivo enraizado num território como lugar de vida em comum e que, portanto, deve ser preservado e cuidado para o bem de todos. A participação, então implícita na ação, se torna "guardiã e promotora do espírito dos lugares"[42]. A dimensão já não é um problema topográfico e sim social. Trata-se do espaço do reconhecimento da identidade e da capacidade de ação coordenada e solidária. Considerar uma área metropolitana uma articulação de bairros autônomos funcionando como comunas justapostas, de acordo com a ideia de Bookchin, é interessante, mas ela só pode funcionar se as instâncias de bairro dispuserem de um verdadeiro poder e não forem meros locais de passagem.

Uma das iniciativas mais originais e promissoras é certamente a rede das comunas novas na Itália. Trata-se de uma associação constituída de pesquisadores, movimentos sociais e várias autoridades locais de pequenas comunas, mas também de entidades mais importantes, como a província (departamento) de Milão e a região da Toscana, que, no plano local, quer resolver de maneira honesta os problemas produzidos pela desmedida da sociedade de crescimento. A originalidade da rede, de cuja última reunião em Bari, em outubro de 2005, participaram quinhentas pessoas, consiste na escolha de uma estratégia que se baseia no território,

---

42. *Ibid.*, p. 114.

isto é, no fato de conceber o local como um campo de interação entre atores sociais, meio físico e patrimônios territoriais. Segundo sua carta, trata-se de "um projeto político que valoriza os recursos e as especificidades locais, estimulando processos de autonomia consciente e responsável e recusando a condução externa (heterodireção) da mão invisível do mercado planetário"[43]. Em outras palavras, são laboratórios de análise crítica e de autogoverno em defesa dos bens comuns, experiência que vai ao encontro da ideia de "aldeia urbana" e do caminho traçado pelos movimentos das "cidades lentas" (*slowcity*)[44]. Esse movimento completa o do *slowfood*, ao qual aderem, mundo afora, 100 mil produtores, camponeses, artesãos e pescadores que lutam contra a uniformização do alimento, para recuperar o gosto e os sabores[45]. Embora profundamente enraizado, esse projeto local não é nem fechado nem egoísta, "ao contrário, ele pressupõe aberturas e uma ideia generosa do dar e do acolher"[46].

A sociedade de decrescimento implica um sólido protecionismo contra as concorrências selva-

---

43. *Cf.* Carta del Nuovo Municipio in www.nuovomunicipio.org e www.comunivirtuosi.org.

44. Trata-se de uma rede mundial de cidades de tamanho médio, constituída na esteira da rede dos *slowfood*, que limitam voluntariamente seu crescimento demográfico a 60 mil habitantes. Acima disso, ficaria impossível falar de "local" e de "lentidão".

45. Carlo Petrini, "Militants de la gastronomie", *Le Monde diplomatique*, julho de 2006.

46. Paola Bonora, "Sistemi locali territoriali...", *op. cit.*, p. 118.

gens e desleais, mas também uma ampla abertura para os "espaços" que adotarem medidas comparáveis. Se, como já dizia Michel Torga em 1954, "o universal é o local menos os muros", podemos deduzir reciprocamente que o local é o universal com fronteiras, limites, zonas tampão, passadores, intérpretes e tradutores. A identidade escolhida, mais ou menos plural e no entanto ligada a uma visão comum de seu destino, é um elemento essencial para garantir que a unidade biorregional tenha consistência[47].

Michael Singleton nota que todo aquele que fala de local e de comunidade, colocando em dúvida a possibilidade ou a oportunidade de um universalismo político abstrato (claramente falando, de um governo mundial), "corre um grande risco de ser chamado por todos os nomes que a Modernidade anatematizou: fascismo, nacionalismo, machismo, paternalismo, elitismo, passadismo... Como fazer com que se entenda que o decrescimento não é um retorno à opressão comunitária (da pequena família nuclear, do bairro chique, do egoísmo regional), e sim a um novo tramado orgânico do local (possibilitar que as pessoas estejam mais juntas, como estiveram até os anos 1960, graças,

---

47. Se, como diz Martin Heidegger, a língua é o "habitat do ser", "a babelização", para Thierry Paquot, "garante não só a diversidade das culturas como também modos de ser e de pensar". Ela faz parte do que ele chama uma ecologia das línguas (Thierry Paquot, *Terre urbaine. Cinq défis pour le devenir urbain de la planète*, Paris, La Découverte, 2006, p. 181).

entre outras coisas, a escolas rurais e empresas 'familiares', a quitandas de esquina e cinemas de bairro, em vez de passarem a vida viajando no circuito entre complexos escolares, zonas industriais e hipermercados da periferia)?"[48]. Nessa perspectiva, o local não é um microcosmo fechado, mas um nó numa rede de relações transversais virtuosas e solidárias, visando experimentar práticas de consolidação democrática (entre as quais orçamentos participativos) que permitam resistir à dominação liberal.

Recuperar a autonomia econômica local. O programa da relocalização implica a busca da autossuficiência alimentar em primeiro lugar, depois econômica e financeira. Conviria manter e desenvolver a atividade básica em cada região: agricultura e horticultura, de preferência orgânica, respeitando as estações[49]. Willem Hoogendijk se interrogou sobre o interessante caso exemplar da Holanda: "Segundo os cálculos do Instituto de Economia Rural holandês (LEI, na sigla em holandês) realizados em 1980, uma autossuficiência agrícola era então uma opção viável para os Países Baixos, um dos países como maior densidade populacio-

---

48. Michael Singleton, *Entropia*, n.º 1, *op. cit.*, p. 52.
49. "Tender para a autossuficiência nacional, depois regional, a mais completa possível, garantindo uma renda satisfatória para os agricultores e impulsionando uma renovação das comunidades rurais baseada numa agricultura camponesa, sustentável e biológica", Yves Cochet, *Pétrole apocalypse, op. cit.*, p. 224.

nal no mundo. Mais recentemente, o LEI calculou – para grande surpresa dos próprios pesquisadores – que os 16 milhões de habitantes poderiam desde já comer alimentos provenientes de uma agricultura biológica doméstica (ao preço da redução de nosso consumo de carne e consumindo produtos de estação)." E o autor ainda esclarece como seria um novo modelo de produção agrícola: "Uma agricultura extensiva ao ar livre em fazendas mistas [...]. Uma horticultura extensiva, também, com as atividades de conservação e de secagem dos produtos e as outras transformações relacionadas. Em seguida, nossos dejetos, incluindo no longo prazo nossos excrementos, devem retornar à terra como fertilizantes, alimentos para gado ou adubo. Comprando regularmente 'cestas de verduras e legumes' de agricultores individuais e lhes dando uma mão na colheita (como já se pratica um pouco por toda parte no mundo), podemos tecer vínculos mais estreitos entre fazendeiros/criadores e consumidores de seus produtos. E esse alimento será fresco e saudável. Sua pegada ecológica será infinitamente mais leve (menos estocagem, menos refrigeração e menos transporte)."[50] Essa autonomia não significa uma autarquia completa. "Pode-se comerciar com regiões que fizeram a mesma escolha e 'deixar para lá' o produtivismo: trocas equilibradas que respeitem a

---

50. Willem Hoogendijk, "Let's Regionalise the Economy – and Cure Ourselves of a Host of Ills!", nota de abril de 2003.

independência regional, ou seja, o comércio dos excedentes mútuos regionais produzidos sem sobrecarga dos homens e dos ecossistemas (manteiga contra azeitonas e assim por diante)."

Também se procurará obter a autonomia energética local: as energias renováveis "são adaptadas às sociedades descentralizadas, sem grandes concentrações humanas. Mas essa dispersão é também uma vantagem: cada região do mundo possui um potencial natural para desenvolver um ou vários negócios de energia renovável"[51].

O comércio local será incentivado: um emprego precário gerado nas grandes redes de varejo destrói cinco empregos duradouros nos comércios de vizinhança[52]. Segundo o Insee (Institut national de la statistique et des études économiques), o surgimento dos hipermercados (no fim dos anos 1960) eliminou na França 17% das padarias (ou seja, 17.800), 84% das mercearias (ou seja, 73.800), 43% das vendas de objetos de metal (ou seja, 4.300). É uma parte importante da própria substância da vida local que desapareceu e do tecido social que se desfez[53]. Dado que hoje em dia as cinco centrais de compra das grandes redes de varejo cobrem 90% do comércio varejista na França, o trabalho que temos pela frente não é pequeno...

51. Yves Cochet, *op. cit.*, p. 140.
52. Christian Jacquiau, *Les Coulisses du commerce équitable, op. cit.*
53. Ver Nicolas Ridoux, *La décroissance pour tous*, Lyon, Parangon, 2006, p. 11.

Enfim, cabe pensar em inventar uma verdadeira política monetária local. "Para manter o poder de compra dos habitantes, os fluxos monetários deveriam permanecer na região o máximo possível, ao passo que as decisões econômicas devem ser tomadas no nível da região, também aí o máximo possível. Palavra de especialista (no caso, um dos inventores do euro): 'Incentivar o desenvolvimento local ou regional conservando ao mesmo tempo o monopólio da moeda nacional é como tentar desintoxicar um alcoólatra com gim.'"[54] O papel das moedas locais, sociais ou complementares é estabelecer uma relação entre necessidades insatisfeitas e recursos que, de outro modo, ficariam parados. Há uma legião de microexperiências, desde os cheques dos sistemas de troca locais, as moedas seladas, os *creditos* argentinos, até os bônus de compra específicos (transporte, refeição, *fureai kippu* no Japão, "cupom de relação fraterna" para os cuidados dedicados às pessoas idosas etc.). Contudo, a reapropriação sistemática da criação e do uso local da moeda nunca foi tentada até agora. A escala ideal para tal experiência seria sem dúvida a biorregião. Cabe pensar em inventar "moedas biorregionais".

54. Bernard Lietaer, "Des monnaies pour les communautés et les régions biogéographiques: un outil décisif pour la redynamisation régionale ao XIXe siècle", in Jérôme Blanc (org.), "Exclusion et liens financiers, monnaies sociales", *Rapport 2005-2006*, Economica, p. 76.

Em suma, a regionalização significa: menos transporte, cadeias de produção transparentes, incitações a uma produção e a um consumo sustentáveis, uma dependência reduzida dos fluxos de capitais e das multinacionais e maior segurança em todos os sentidos do termo. Regionalizar e reinserir a economia na sociedade local preserva o meio ambiente, que, em última instância, é a base de toda economia, propicia para cada um uma abordagem mais democrática da economia, reduz o desemprego, fortalece a participação (e portanto a integração) e consolida a solidariedade, oferece novas perspectivas para os países em desenvolvimento e, enfim, fortifica a saúde dos cidadãos dos países ricos graças ao aumento da sobriedade e à diminuição do estresse[55].

Iniciativas locais decrescentes. Enquanto esperam as necessárias mudanças de "governança" mundial e a chegada ao poder de governos nacionais totalmente dedicados à objeção de crescimento, vários atores locais adotaram, implícita ou explicitamente, a via da utopia fecunda do decrescimento. Coletividades locais, da Carolina do Norte a Chalon-sur-Saône, tomam a iniciativa e começam a pôr em prática planos de luta contra a mudança climática. A redução de consumo de energia pode tomar como modelo o exemplo de BedZED

55. Willem Hoogendijk, *op. cit.*

(Beddington Zero Energy Development). Algumas regiões decidem recusar os OGM (a Alta Áustria, a Toscana e até a Polônia). As licitações das coletividades locais e dos estabelecimentos públicos (escolas, hospitais etc.) representam uma parte significativa das licitações públicas (12% do PIB na França), ou seja, uma força importante para difundir a transformação ecológica em toda a economia e, para tanto, basta exigir de seus beneficiários boas práticas ambientais em troca das especificações[56]. As municipalidades podem, no caso dos estabelecimentos que administram, zelar para que o abastecimento seja feito por empresas e fornecedores locais (Chambéry), impor nas cantinas e restaurantes públicos produtos provenientes da agricultura orgânica (Lorient, Pamiers), recusar, para a manutenção dos espaços públicos (vias públicas e espaços verdes), o uso de pesticidas e estimular a aplicação de técnicas de capinagem mecânicas ou térmicas (Rennes, Grenoble, Mulhouse), escolher a compostagem no lugar dos adubos químicos[57]. A promoção dos transportes coletivos desenvolve-se em várias regiões francesas: o conselho regional da região Rhône-Alpes esclarece, por exemplo, que, desde 1997, quatrocentos trens suplementares implementados, cerca de cento e quinze estações reformadas e a renovação de 60%

---

56. Pascal Canfin, *L'Économie verte expliquée à ceux qui n'y croient pas*, Paris, Les Petits Matins, 2006, p. 72.
57. Nicolas Hulot, *op. cit.*, p. 170.

do material provocaram um aumento anual da frequência de 5 a 6%[58].

Segundo Yves Cochet: "A partir de hoje, devemos nos implicar na vida municipal participando das eleições, assistindo às reuniões do conselho, tornando-nos membros de uma associação de cidadãos que tenha por objetivo algum aspecto ligado à sobriedade: mais lugar para os pedestres e mais ciclovias, menos para os carros; mais comércios vicinais variados, menos hipermercados; mais imóveis pequenos, menos torres de apartamentos; mais serviços próximos, menos zoneamento urbano etc."[59]

Embora o projeto local contenha evidentes limites, não subestimemos as possibilidades de avanços da política nesse nível. A experiência da comuna de Mouans-Sartoux impulsionada por seu prefeito André Aschieri é interessante: reabertura da estação de trem e do serviço ferroviário, multiplicação da gestão pública para os "bens públicos comuns" (água, transportes e até o serviço funerário), desenvolvimento de ciclovias e de espaços verdes, manutenção dos agricultores locais e dos pequenos comércios, recusa da especulação imobiliária e da instalação de hipermercados permitiram evitar uma "periferização" considerada inevitável trinta anos antes e devolveram sentido ao viver local, que tem no Festival Anual do Livro um vibrante símbolo.

---

58. Nicolas Ridoux, *La Décroissance pour tous, op. cit.*, p. 86.
59. Yves Cochet, *Pétrole apocalypse, op. cit.*, p. 200.

Cumpre substituir a OMC pela OML (Organização Mundial pela Localização), tendo por *slogan* "Proteger o local globalmente"[60].

Reduzir significa regredir?

A marcha a ré, quando é possível, é, em certos domínios, prova de sabedoria. Notadamente no que concerne a nosso abastecimento. Nos países da Organização de Cooperação e de Desenvolvimento (OCDE), a tendência atual é a de uma alimentação menos local, menos sazonal, menos vegetal e menos cara. Nesses últimos anos, aumentou no entanto a dependência alimentar regional. Tomemos o exemplo de Limousin, região considerada rural. Segundo Emmanuel Bailly, somente 10% dos produtos alimentares consumidos são produzidos e transformados regionalmente. "A cultura da batata foi completamente abandonada, passando de 7.400 hectares para uns poucos 300 hectares [...]. Também a cultura de legumes cobria em 1970 cerca de 6.300 hectares de superfície contra 300 hectares em 2000 (6.700 toneladas). A produção regional supre apenas 8,1% das necessidades de legumes frescos da população."[61] A maçã

---

60. Segundo sugestão de Yves Cochet, *Pétrole apocalypse, op. cit.*, p. 224.
61. Emmanuel Bailly, "Le concept de l'Écorégion ou comment restaurer le système immunitaire des régions", boletim *Ligne d'horizon*, n.° 36, agosto-setembro de 2006.

golden de Limousin tem de enfrentar a concorrência da golden chinesa, duas vezes mais barata, incluindo o frete! E, dentro de pouco, depois dos cortes de carne, o boi local terá de fazer frente ao gado vivo da América do Sul. A deslocalização das produções é comandada pelos acionistas e o abastecimento fora da região pelas centrais de compra das grandes redes de varejo. Essas práticas levam a uma grande fragilidade do sistema. Por ocasião do bloqueio marítimo imposto em outubro de 2005 pelos marinheiros em greve da Société nationale maritime Corse-meditérranée (SNCM), a Córsega enfrentou um desabastecimento de legumes e produtos frescos depois de quatro ou cinco dias.

A viagem dos camarões dinamarqueses, tão caricatural, infelizmente não é excepcional[62]: vão ser descascados no Marrocos, depois voltam para a Dinamarca, para dali partir novamente para vários locais de comercialização. Mais aberrante ainda, se isso for possível: os lagostins escoceses são expatriados para a Tailândia para serem descascados à mão numa fábrica da Findus, voltam em seguida para a Escócia para serem cozidos antes de serem vendidos nas lojas Marks & Spencer. Inverter essa tendência permitiria reduzir o desperdício e tornar nosso abastecimento, em particular alimentar, menos vulnerável aos preços crescentes da ener-

---

62. Philippe Mühlstein, "Les ravages du mouvement perpétuel", *Le Monde diplomatique,* janeiro de 2005.

gia, e depois à rarefação dos hidrocarburetos[63]. Segundo Yves Cochet, "uma alimentação que poupe mais energia seguiria, portanto, três orientações opostas às de hoje: seria mais local, mais sazonal e mais vegetariana"[64]. Continuará "mais cara" se continuarmos fazendo as vítimas pagarem e subvencionando os poluidores.

Também aqui uma certa descolonização do imaginário é necessária. Sem serem adoradoras do progresso e da modernidade (o que todos somos em maior ou menor escala), as pessoas "do bem" estão obcecadas pelo medo de um retrocesso, que para elas significaria miséria e humilhação. "Quando eu era jovem", me dizia um amigo siciliano, "era o único dos meus amigos que usava sapatos. Todos os outros jogavam bola descalços. Agora, todas as crianças têm sapatos. E isso foi o crescimento que nos trouxe." Os "objetores de crescimento" topam muitas vezes com "objetores de decrescimento", que utilizam comentários desse tipo, cujo fundamento é incontestável. O temor de cair novamente num passado miserável, seja qual for a eventual deformação das lembranças, não é ilegítimo. Contudo, não se trata de voltar a essa penúria, geralmente exacerbada por desigualdades insuportáveis. Trata-se, acima de tudo, de saber se a vivência de bem-estar exige necessariamente possuir dez pares de sapatos, com frequência de má

---

63. Yves Cochet, *Pétrole apocalypse, op. cit.*, p. 97.
64. *Ibid.*, p. 89.

qualidade, em vez de um ou dois sólidos. Como diz Murray Boockchin: "Não acho que a boa vida exige que tenhamos instalações suntuosas, dez piscinas e cinquenta televisores. Alguns libertários poderiam objetar: 'Muito bem, mas, se houver pessoas que querem dez piscinas, elas deveriam poder obtê-las. Vocês não deveriam tentar impedi-las. Elas são livres.' Respondo que as necessidades aceitáveis deveriam ser determinadas pela comunidade toda – a municipalidade. Uma assembleia pode então dizer: 'Dois pares de sapatos bastam. Vocês não precisam de dez.' Eles podem dizer que um certo limite basta, que você não precisa da lua."[65]

Willem Hoogendijk tentou fornecer argumentos para a autolimitação das necessidades: "No que concerne a nossas pretensas necessidades, ditas 'sem limites' em qualquer manual de economia, talvez seja sábio fazermos agora uma distinção mais precisa do que a existente entre as necessidades primárias e secundárias ou, segundo a terminologia de Keynes, entre necessidades absolutas e relativas, as primeiras tendo limites naturais e as segundas não." Ele propõe distinguir as necessidades fundamentais ou normais das outras. As primeiras (alimento, roupas, moradia, trabalho, sociabilidade/sexo) também podem se inflar para além do razoável (mais espaço por pessoa, mais

---

65. "Interview with Murray Bookchin" por David Vanek, in *Harbinger, A Journal of Social Ecology*, vol. 2, n.º 1, 2001.

pares de sapatos, mais aquecimento central etc.), mas são relativamente sujeitas a saturação. As segundas, privilegiadas pela sociedade de crescimento, que é uma dinâmica de criação ilimitada de necessidades, podem ser classificadas em:

– necessidades de compensação das perdas passadas, por exemplo, espaços verdes por causa dos carros que invadem as ruas, locais tranquilos, piscinas para substituir os rios poluídos etc.;

– necessidades de reparação ou de prevenção dos danos, por exemplo, a purificação do ar e da água, a calagem das florestas ácidas etc. – em suma, o reino da ecoindústria em expansão;

– outras necessidades criadas pelos desenvolvimentos precedentes, por exemplo, a de novos empregos devido à automação; de mais transportes por causa da organização física do espaço baseada na separação, de máquinas que produzam mais rápido por causa da concorrência desenfreada etc.

Um dos objetivos do sistema é criar necessidades que ele ao mesmo tempo visa satisfazer produzindo os bens correspondentes de reparação, compensação ou consolo[66].

Reduzir é também diminuir a velocidade e, portanto, resistir ao império da velocidade e às tendências atuais. Na Espanha, a supressão recente da sesta é sintomática do caráter absurdo da sociedade

---

66. Willem Hoogendijk, nota de abril de 2003. Ele conclui sua análise assim: "Necessidades ilimitadas? Uma criação ilimitada de necessidades!"

de crescimento. "A supressão arbitrária da sesta", nota Thierry Paquot, "em nome de uma homogeneidade dos horários entre estabelecimentos da mesma empresa transnacional em escala mundial (refiro-me, no caso, ao setor bancário espanhol, que europeizou seus horários de abertura), é uma violência simbólica forte e também uma medida contraprodutiva."[67] Com efeito, todos os médicos reconhecem os benefícios dessa prática ancestral.

Em suma, a questão não é culpabilizar os consumidores para convertê-los à ascese, mas responsabilizá-los como cidadãos.

A receita do decrescimento consiste em fazer mais e melhor com menos. Essa fórmula illicheana não deve ser entendida no sentido de uma racionalização econômica, como na sua caricatura tecnocrática. O desmantelamento do Estado-providência e os cortes orçamentários subsequentes acarretam, de fato, uma nova gestão pública (*nouvelle gestion publique* – NGP) resultante da racionalização das escolhas orçamentárias (*rationalisation des choix budgétaires* – RCB). Agora, procuram obter um melhor resultado de política social gastando menos através da utilização de associações (ou mesmo do trabalho voluntário) postas para concorrer no mercado da subvenção[68]. O espírito do

67. Thierry Paquot, *Terre urbaine. Cinq défis pour le devenir urbain de la planète*, op. cit., p. 178.
68. Ver, organizado por Marie-Dominique Perrot *et alii*, *Ordres et désordres de l'esprit gestionnaire*, Lausanne, Éditions Réalités sociales, 2006. Em particular Gilbert Rist, "La nouvelle gestion publique peut-elle être sociale?".

decrescimento está nos antípodas dessa busca obsessiva de economias de todo tipo e da ideologia neoliberal subjacente, com suas palavras-chave: eficácia, desempenho, excelência, rentabilidade no curto prazo, redução de custos, flexibilidade, retorno sobre o investimento etc., cujo resultado é a destruição do tecido social. Certo, trata-se de consumir menos os recursos naturais limitados do planeta, mas para produzir um excedente extraeconômico e, portanto, um objetivo diametralmente oposto ao dos tecnocratas.

Será preciso chegar até o racionamento? Há quem pense seriamente nisso no que concerne à energia e às emissões de gases do efeito estufa, apesar de o racionamento evocar a economia de guerra. Porém, podemos efetivamente dizer que estamos numa batalha pela sobrevivência da humanidade. Lester Brown nota que, diante da urgência da guerra, a economia americana foi capaz, em 1942, de transformar, do dia para a noite, a produção de automóveis particulares em produção de tanques de assalto. Um desafio comparável seria, por exemplo, transformar essa mesma indústria automobilística em produção de microgeradores. Um país democrático, o Reino Unido, aceitou, naquelas condições de urgência, um programa de sangue e lágrimas. Longe de implicar necessariamente tais sacrifícios, a transformação ecológica de nossas sociedades promete não para amanhã, mas já para hoje, mais alegria de viver:

uma alimentação mais saudável, mais lazer e convivialidade.

Já que é sensato contar com um crescimento da eficiência ecológica (aumento da biocapacidade, do rendimento das terras cultivadas, das pescas, das florestas etc.) graças a melhores tecnologias e a uma melhor gestão, a redução necessária será atenuada na mesma medida[69]. Em outras palavras, o retorno a uma pegada ecológica "correta" (um só planeta), que necessita de uma redução da extração de recursos naturais de 75%, poderia se realizar graças a uma diminuição do consumo final, inferior a 50%, e uma elevação incomparável da qualidade de vida.

O desafio do decrescimento para o Sul

Paradoxalmente, a ideia do decrescimento nasceu de certo modo no Sul, mais particularmente na África. Com efeito, o projeto de uma sociedade autônoma e econômica emergiu na esteira da crítica do desenvolvimento.

Faz mais de quarenta anos que uma pequena "internacional", anti ou pós-desenvolvimentista, analisa e denuncia os malefícios do desenvolvimento na África[70], da Argélia de Boumédiène à Tanzâ-

69. Em cerca de 30% até 2100 segundo o WWF.
70. Ver *The Development Dictionary*, Londres, Zed Books, 1992, tradução francesa no prelo por Parangon com o título *Dictionnaire des mots toxiques*.

nia de Nyerere. E esse desenvolvimento, não só capitalista ou ultraliberal como na Costa do Marfim, mas oficialmente "socialista", "participativo", "endógeno", "*self-reliant*/autocentrado", "popular e solidário", também era muitas vezes posto em andamento ou apoiado por ONGs humanistas. A despeito de algumas microrrealizações dignas de nota, o fracasso foi maciço e o projeto do que deveria culminar no "desabrochar de cada homem e de todos os homens" mergulhou na corrupção, na incoerência e nos planos de ajuste estrutural, que transformaram a pobreza em miséria.

Essa crítica destinada ao Sul desembocava na alternativa *histórica*, isto é, na auto-organização de sociedades e economias vernáculas[71]. Naturalmente, essas análises também se interessavam pelas iniciativas alternativas no Norte, do tipo SEL (sistemas de troca locais), Repas (rede de troca das práticas alternativas e solidárias), BdT (trocas de serviços entre pessoas), cooperativas etc., mas não por uma alternativa societal no singular. Devido à crise ambiental e ao surgimento da globalização, o sucesso inesperado e totalmente relativo dessa crítica, que por muito tempo foi pregada no deserto, nos levou a aprofundar suas implicações sobre a economia e a sociedade do Norte. Na verdade, a farsa do desenvolvimento sustentável diz respeito tanto ao Norte quanto ao Sul, e os perigos do cresci-

---

71. Ver meu livro *L'Autre Afrique. Entre don et marché*, Paris, Albin Michel, 1998.

mento já são planetários. Foi assim que nasceu a proposição do decrescimento.

Para a África, o decrescimento da pegada ecológica (mas também do PIB) não é nem necessário nem desejável. Contudo, não se deve concluir daí que seja preciso construir uma sociedade de crescimento ali. O decrescimento concerne às sociedades do Sul na medida em que elas estão comprometidas com a construção de economias de crescimento, para evitar que elas atolem no impasse a que essa aventura as condena. Longe de fazer o elogio sem nuanças da economia informal, achamos que as sociedades do Sul poderiam, se ainda houver tempo, se "des-envolver", ou seja, livrar-se dos obstáculos que se erguem no seu caminho para se realizar de outro modo. Primeiro, é claro que o decrescimento no Norte é uma condição para o florescimento de qualquer forma de alternativa no Sul. Enquanto a Etiópia e a Somália estiverem condenadas, no auge da fome, a exportar alimentos para nossos animais domésticos, enquanto engordarmos nosso gado de corte com farelo de soja obtidas pelas queimadas da Floresta Amazônica, asfixiaremos qualquer tentativa de verdadeira autonomia no Sul[72].

72. Sem contar que esses "translados" planetários contribuem para desregular um pouco mais o clima, que essas culturas especulativas de latifundiários privam os pobres do Brasil de feijão e que, ainda por cima, corremos o risco de ter catástrofes biogenéticas do tipo "vaca louca".

Ousar o decrescimento no hemisfério Sul é tentar provocar um movimento em espiral para se pôr na órbita do círculo virtuoso dos oito "erres". Essa espiral que introduz ao decrescimento poderia se organizar com outros "erres", alternativos e complementares ao mesmo tempo – como Romper, Reatar, Resgatar, Reintroduzir, Recuperar etc. Romper com a dependência econômica e cultural em relação ao Norte. Reatar com o fio de uma história interrompida pela colonização, o desenvolvimento e a globalização. Resgatar e se reapropriar de uma identidade cultural própria. Reintroduzir os produtos específicos esquecidos ou abandonados e os valores "antieconômicos" ligados ao passado desses países. Recuperar as técnicas e práticas tradicionais.

Em fevereiro de 2007, no centro Emmaüs de Tohue, perto de Cotonou, a ONG italiana Chiama l'Africa organizou um debate com alguns intelectuais benineenses sobre o tema "pobreza e decrescimento". Esse encontro em torno da figura de Albert Tévoédjrè permitiu situar o paradoxo africano no tocante a essa questão.

Quem ainda se lembra de Albert Tévoédjrè? Contudo, instigado por Ivan Illich, ele publicou em 1978 *A pobreza, riqueza dos povos*[73], um livro de sucesso precursor das ideias do decrescimento. Nele, criticava o absurdo do mimetismo cultural e industrial, fazia o elogio da sobriedade inscrita na

---

73. *La Pauvreté, richesse des peuples*, Paris, Éditions ouvrières.

tradição africana, denunciava a desmedida da sociedade de crescimento com sua criação deliberada de necessidades artificiais, sua desumanização gerada pelo predomínio das relações monetárias e sua destruição do meio ambiente. Propunha, enfim, um retorno à autoprodução camponesa.

Aos 85 anos, em plena forma, o homem não tinha renegado nenhuma de suas ideias, mas estas já não interessavam a ninguém na África. Como muitos intelectuais africanos, ele se meteu, e talvez se perdeu, na política sem conseguir aplicar suas convicções nos postos ministeriais que ocupou.

Em *L'Autre Afrique* [A outra África], analisamos a auto-organização por meio do "jeitinho" dos excluídos da modernidade econômica. Ela é um exemplo de construção de sociedade autônoma e econômica, sustentável em condições infinitamente mais precárias do que seriam as sociedades de decrescimento no Norte, sem nada ficar a dever, ou quase nada, às elites intelectuais e políticas do continente. Essa capacidade não só de sobreviver, mas também de construir uma vida completa à margem da sociedade mundial de mercado, se estabelece sobre três tipos de bricolagem: imaginária, com a proliferação dos cultos sincréticos e das seitas (inclusive nos países muçulmanos, com as confrarias e suas dissidências); tecnoeconômica, com a recuperação engenhosa, industriosa e empreendedora (em oposição à racionalidade econômica ocidental: engenheira, industrial e empresarial); e sobretudo social, com a invenção de um laço "neoclânico" (pelas participações cruzadas numa grande quantidade de associações).

Verdadeira sociedade alternativa à espera de reconhecimento e de emergência na cena política e internacional, essa experiência sofreu ainda assim as reiteradas ameaças de uma globalização triunfante e arrogante (mesmo em crise). Embora sejamos testemunhas de seu surpreendente "sucesso", a colonização do imaginário agora ameaça a outra África, depois de ter corrompido a África oficial. A invasão dos meios de comunicação internacionais, através de rádios, televisões, internet, telefones celulares, tem efeitos corrosivos sobre o laço social. Basta pensar no desejo dos jovens de abandonar seu país, que eles acabam considerando um inferno, pelos paraísos artificiais do Norte, contra a porta dos quais vão se chocar. A invasão dos produtos chineses de consumo de massa muito baratos às vezes concorre com os artesãos da recuperação, que tinham triunfado sobre as exportações manufaturadas europeias. Os processos de individuação, sem gerar um verdadeiro individualismo, conseguem macular a solidariedade em que se baseava o universo alternativo. Enfim, a poluição sem fronteiras torna cada vez menos vivível um ambiente degradado. Uma verdadeira sociedade de consumo de segunda mão, com latas velhas caindo aos pedaços, celulares em pane, computadores feitos de peças usadas e todos os dejetos do Ocidente, corrói como um câncer a capacidade de resistir na dissidência. Esperemos que, no Norte, a crise chegue a tempo para que a outra África não perca a sua chance. Poucos anos atrás, nessa mesma Benin, velhas aldeãs me diziam: "Quando vocês vão voltar, vocês, os franceses, porque desde que vocês foram embora estamos sofrendo demais?" Hoje, são os jovens que nos assediam e interpelam: "Ajude-nos a ir para a França. Aqui não temos qualquer esperança." O paradoxo africano encontra, assim, tragicamente o paradoxo ocidental. Como escreveu meu finado amigo Jean Baudrillard: "A cultura ocidental só se mantém pelo desejo do resto do mundo de ter acesso a ela."[74]

Caso se queira efetivamente incluir no Norte uma preocupação de justiça mais profunda do que apenas a necessária redução da "pegada ecológica", talvez seja preciso, além da dívida ecológica, reconhecer uma outra "dívida" cujo "ressarcimento" é às vezes reivindicado pelos povos indígenas: Restituir. A restituição da honra perdida (a do patrimônio pilhado é muito mais problemática) poderia consistir em ser parceiro de decrescimento com o Sul.

Inversamente, manter ou, pior ainda, introduzir a lógica do crescimento no Sul, com o pretexto de tirar esses países da miséria criada por esse mes-

---

74. Jean Baudrillard, crônica no *Libération* de 18 de novembro de 2005 (republicada em 7 de março de 2007).

mo crescimento, nada mais faz senão ocidentalizá-los um pouco mais. Na proposição de querer "construir escolas, centros de saúde, redes de água potável e recuperar uma autonomia alimentar"[75], baseada numa boa intenção de nossos amigos antiglobalização, há um etnocentrismo ordinário que é precisamente o do desenvolvimento. Das duas uma: ou se pergunta aos países interessados o que eles querem através de seus governos ou das pesquisas de uma opinião manipulada pelos meios de comunicação, e a resposta certamente será esta: mais do que essas "necessidades fundamentais" que o paternalismo ocidental lhes atribui, pedirão aparelhos de ar-condicionado, celulares, geladeiras e, sobretudo, umas "latas velhas", bem como centrais nucleares, aviões Rafale e tanques AMX para a alegria das autoridades... Ou então se escuta o grito do coração do líder camponês guatemalteco: "Deixem os pobres em paz e não lhes falem mais de desenvolvimento."[76] Todos os dirigentes de movimentos populares, de Vandana Shiva na Índia a Emmanuel Ndione no Senegal, dizem o mesmo a seu modo. Pois, afinal, embora seja incontestável que ao Sul importa "recuperar a autonomia alimentar", é porque esta foi perdida. Na África, até os anos 1960, antes da grande ofen-

---

75. Jean-Marie Harribey, "Développement durable: le grand écart", *L'Humanité*, 15 de junho de 2004.
76. Alain Gras, *Fragilité de la puissance*, Paris, Fayard, 2003, p. 249.

siva do desenvolvimento, ela ainda existia. Não foi o imperialismo da colonização, do desenvolvimento e da globalização que destruiu essa autossuficiência e que todos os dias agrava um pouco mais a dependência? Antes de ser maciçamente poluída pelos resíduos industriais, a água, com ou sem torneira, era geralmente potável. Quanto às escolas e aos centros de saúde, serão estas boas instituições para introduzir e defender a cultura e a saúde? Ivan Illich levantou sérias dúvidas sobre a sua pertinência para o Norte[77]. Portanto, convém usar de ainda mais precaução no que concerne ao Sul, como alguns intelectuais desses países (muito poucos sem dúvida...) se empenham em fazer. A solicitude do branco que se preocupa com o decrescimento no Sul no louvável intuito de vir em sua ajuda é suspeita. "O que continuam a chamar de *ajuda*", sublinha com razão Majid Rahnema, "não passa de uma despesa destinada a reforçar as estruturas geradoras da miséria. Em contrapartida, as vítimas espoliadas de seus verdadeiros bens nunca são ajudadas quando tentam tomar distância do sistema produtivo globalizado para encontrar alternativas conformes a suas próprias aspirações."[78]

---

77. A publicação de suas obras completas (Paris, Fayard, 2004 e 2005) é uma oportunidade de reler, em particular, *Une société sans école* e *Némésis medicale*, ainda plenamente atuais.

78. Majid Rahnema, *Quand la misère chasse la pauvreté, op. cit.*, p. 268.

Portanto, a alternativa ao desenvolvimento, tanto no Sul como no Norte, não pode ser um impossível retrocesso ou um modelo uniforme de "a-crescimento" imposto. Para os excluídos, para os náufragos do desenvolvimento, tem de ser uma espécie de síntese entre a tradição perdida e a modernidade inacessível. Fórmula paradoxal que resume bem o duplo desafio. Podemos apostar em toda a riqueza da invenção social para enfrentá-lo quando a criatividade e a engenhosidade estiverem libertas do grilhão economicista e "desenvolvimentista". O após-desenvolvimento, necessariamente plural por outro lado, significa a procura de modos de desenvolvimento coletivo em que não seja privilegiado um bem-estar material destruidor do meio ambiente e do laço social. O objetivo da "boa vida" pode se expressar de muitas formas, conforme os contextos. Em outras palavras, trata-se de reconstruir/resgatar novas culturas.

Também nesse caso, referimo-nos a uma utopia concreta e fecunda e não a um programa político. Na terceira parte deste livro, não apresentaremos uma agenda de construção de sociedades autônomas no Sul, porque achamos que são as populações implicadas que devem determinar o conteúdo do projeto. É certo que sua aplicação no Sul defronta com inúmeros obstáculos. "Se você estiver pensando num leão, suba numa árvore", diz um provérbio bantu. Se, no Norte, quem tenta se dedicar a semelhante projeto político corre o risco de ser assassinado, no Sul, o simples fato de pensar nisso pode lhe valer a sorte de um Patrice Lumumba, de um Thomas Sankara ou de um Salvador Allende. Segundo Pierre Gevaert, que muito refletiu sobre a questão: "Para os africanos, em particular, que ainda não são escravos do conforto moderno, bastaria zelar pelos seguintes sete pontos:

1. Não contar demais com as falsas riquezas ocidentais e resgatar, portanto, um máximo de autonomia em relação a elas.

2. Substituir, em parte, as divisas em papel estrangeiro (franco CFA, dólar, libra esterlina etc.) por uma moeda local de troca inspirada nos SEL.

3. Acabar progressivamente com as monoculturas de exportação, substituindo-as por culturas alimentares, não dependentes dos insumos externos (adubos químicos, pesticidas etc.), graças à compostagem que utiliza cada fio de palha, estercos e outras matérias orgânicas [...].

4. Em caso de colheitas excedentes, tentar transformar diretamente as matérias-primas, para não entrar no jogo dos mercados injustos e lucrar com os valores agregados gerados pelas transformações (exemplo: pasta de gergelim ou de amendoim) [...].

5. Proteger sua terra, seu solo, cercando os lotes com 'diquezinhos' antierosivos [...].

6. Cozinhar com o sol, graças ao forno solar que o carpinteiro local pode construir a um preço máximo de 100 euros [...].

7. Criar o máximo de reservatórios ou coletores de água para estocar água da chuva [...]."[79]

Esse programa limitado ao mundo rural constitui um exemplo das formas práticas de que poderia se revestir a reconquista da autonomia.

E a China? Essa questão reaparece ritualmente em todos os debates sobre o decrescimento. Evoca-se menos: "E a Índia?" ou "E o Brasil?" É claro que o crescimento econômico chinês (e indiano) cria um problema planetário. A China está se tornando o principal poluidor do planeta, mesmo que ainda esteja longe disso em termos relativos – sua pegada ecológica por habitante em 2004 correspondia exatamente a um planeta e era cerca de seis vezes inferior à dos Estados Unidos. (No verão de 2007, tornou-se o principal país emissor de gás do efeito estufa do mundo.) Ela já é a manufatura do universo. Seria imoral, e aliás bem difícil agora, impor o que quer que seja aos chineses contra a sua vontade. A aspiração das classes ascendentes do país (afinal, são de 100 a 200 milhões de indivíduos) por um carro individual e pelo desperdício desenfreado do consumismo ocidental não pode ser muito criticada, sobretudo porque somos em grande medida os responsáveis por isso. A Volkswagen e a General Motors preveem fabricar 3 milhões de veículos por ano na China nos

---

[79]. Pierre Gevaert, *Alerte aux vivants et qui veulent le rester*, Commarque, Ruralis, 2005, pp. 97-8.

próximos anos e a Peugeot, para não ficar para trás, vem realizando investimentos gigantescos... É certo que também existem industriais chineses do automóvel que produzem para seu mercado interno (e um pouco para exportação) copiando as marcas estrangeiras. Mesmo que a imaginemos alegre, nós mesmos ainda não ingressamos no caminho de uma sociedade autônoma e sustentável, mas necessariamente frugal no nível material.

Em todo caso, o destino do mundo e da humanidade depende em grande medida das decisões das autoridades chinesas. O fato de terem consciência dos desastres ecológicos presentes e das ameaças bem reais que pesam sobre o futuro deles (e nosso), de saberem que os custos ecológicos de seu crescimento anulam ou superam seus benefícios numa contabilidade ecológica (mas os que recebem os dividendos não são os mesmos que suportam os custos), tudo isso, combinado com uma tradição milenar de sabedoria muito distante da racionalidade e da vontade de poder ocidentais, permite esperar que eles não irão até o fim do impasse do crescimento que estamos prestes a atingir. De acordo com o relatório Stern, a China já adotou um programa ambicioso visando reduzir em 20%, entre 2006 e 2010, a energia utilizada por cada unidade de PIB e promover as energias renováveis. A Índia encontra-se numa situação comparável e está preparada para lançar, no mesmo período, uma política de melhora da eficácia energética[80]. Ingressando resolutamente na via de uma sociedade de decrescimento e demonstrando que o "modelo" é viável e, portanto, exemplar é que melhor poderemos convencer os chineses, assim como os indianos e os brasileiros, a mudar de direção dando-lhes ao mesmo tempo os meios e, assim, salvar a humanidade de um destino funesto.

O decrescimento é reformista ou revolucionário?

Trata-se por certo de uma revolução. Esclareçamos contudo que, para nós, assim como para Cornelius Castoriadis, "revolução não significa nem guerra civil nem derramamento de sangue". É uma violência menos inevitável ainda, a crer em André Gorz (Castoriadis no fim da vida não teria discordado dele nesse ponto), pois "a civilização capitalista [...] caminha inexoravelmente para sua derrocada catastrófica; já não há necessidade de uma classe revolucionária para abater o capitalismo, ele cava seu próprio túmulo e o da civilização industrial como um todo."[81] Melhor assim, porque, com o triunfo do capital, é fácil ver que a luta de classes se esgotou. Os vencidos desse enfrentamento plurissecular, embora mais numerosos do que nunca, estão no entanto divididos, desestrutura-

---

80. Nicholas Stern, "The Economics of Climate Change", Executive summary, www.sternreview.org.uk, outono de 2006, p. 15.
81. André Gorz, *op. cit.*, p. 27.

dos, desculturados, e não constituem (ou já não constituem) uma classe revolucionária. Essa derrocada desejável do capitalismo não garante, contudo, um amanhã cantante, e é aí que é legítimo falar em revolução. "A revolução", prossegue Castoriadis, "é uma mudança de certas instituições centrais da sociedade pela atividade da própria sociedade: a autotransformação explícita da sociedade, condensada num breve espaço de tempo. [...] A revolução significa a entrada de parte essencial da comunidade numa fase de atividade *política*, isto é, *instituinte*. O imaginário social se põe a trabalhar e se dedica explicitamente à transformação das instituições existentes."[82] Nesse sentido, o projeto da sociedade de decrescimento é eminentemente revolucionário. Trata-se tanto de uma mudança de cultura quanto das estruturas jurídicas e das relações de produção. Contudo, tratando-se de um projeto político, sua aplicação obedece mais à ética da responsabilidade do que à ética da convicção. A política não é a moral, e a autoridade deve assumir compromissos com a existência do mal. A busca do bem comum não é a busca do bem puro e simples, e sim a do menor mal. Portanto, o realismo político não consiste em se entregar à banalidade do mal, mas sim em contê-la no horizonte do bem comum. Nesse sentido, mesmo radical e revolucionária, toda política só

---

82. Cornelius Castoriadis, *Une société à la derive*, Paris, Le Seuil, p. 177.

pode ser reformista e tem de sê-lo, sob pena de cair no terrorismo. Esse necessário pragmatismo da ação política, que desenvolveremos na terceira parte, não significa uma renúncia aos objetivos da utopia concreta. O potencial revolucionário desta, sua fecundidade[83], não é incompatível com o reformismo político desde que os inevitáveis compromissos da ação não degenerem em comprometimento do pensar.

---

83. Nas belas palavras de José Bové em *Candidat rebelle*, Paris, Hachette Littératures, 2007.

III. O DECRESCIMENTO: UM PROGRAMA POLÍTICO

> "Todos aqueles que, na esquerda, se recusam a abordar desse ponto de vista a questão de uma equidade sem crescimento, demonstram que, para eles, o socialismo não é mais que a continuação por outros meios das relações sociais e da civilização capitalistas, do modo de vida e do modelo de consumo burguês."
>
> André GORZ[1]

Conceber um modelo coerente e desejável de sociedade de decrescimento constitui não só uma reflexão teórica, mas também uma etapa importante na sua implementação política. É preciso avançar ainda mais na elaboração de proposições concretas, ainda que o trabalho de autotransformação em profundidade da sociedade e de seus cidadãos nos pareça mais importante que os prazos eleitorais. Isso não quer dizer, no entanto, que o parto será espontâneo e sem dor. A política politiqueira tem hoje pouco contato com as realidades que têm de ser mudadas e convém ser prudente na forma de fazer uso dela. Isso tampouco quer dizer que os desafios eleitorais tenham deixado de

---

1. André Gorz, *Écologie et liberté*, Paris, Galilée, 1977.

existir. No melhor dos casos, os governos só conseguem frear, desacelerar, suavizar processos que lhes escapam, se quiserem ir contra a corrente. Existe uma "cosmocracia" mundial que, sem decisão explícita, esvazia o político de sua substância e impõe "suas" vontades através da "ditadura dos mercados financeiros"[2]. Todos os governos são, queiram eles ou não, "funcionários" do capital.

A alternativa para o produtivismo se coloca em todos os níveis: individual, local, regional, nacional e mundial (uma atenção especial devendo ser dedicada ao nível europeu). Todavia, como a tirania dos "novos donos do mundo" se exerce de preferência sobre os níveis superiores, cumpre encontrar as forças mais pertinentes para agir de maneira concertada e complementar.

Os "decrescentes" têm um programa eleitoral? Como eles esperam resolver o problema do desemprego? O decrescimento é compatível com o capitalismo? Trata-se de uma reivindicação de direita ou de esquerda? O movimento do decrescimento vai constituir um novo partido político? A essas indagações políticas devemos tentar dar respostas.

Um programa eleitoral

Medidas muito simples e aparentemente quase anódinas podem dar início aos círculos virtuosos

---

2. Denis Duclos, "La cosmocratie, nouvelle classe planétaire", *Le Monde diplomatique*, agosto de 1997.

do decrescimento[3]. É possível pensar a transição mediante um programa quase eleitoral, que em certos aspectos extrai as consequências "de bom senso" do diagnóstico efetuado acima.

Por exemplo:

1) *Resgatar uma pegada ecológica igual ou inferior a um planeta*, ou seja, mantidas constantes as outras coisas, uma produção material equivalente à dos anos 1960-1970.

Como seria possível reduzir nossa pegada ecológica em cerca de 75% sem voltar à idade da pedra? Simplesmente desinchando maciçamente os "consumos intermediários", entendidos em sentido amplo (transportes, energia, embalagens, publicidade), sem afetar o consumo final. O retorno ao local e a caça ao desperdício contribuiriam para isso.

2) *Integrar nos custos de transporte* os danos gerados por essa atividade, por meio de ecotaxas apropriadas.

Os custos externos *a minima* não cobertos pelos automobilistas seriam, na França, de mais de 25 bilhões de euros por ano, ou seja, mais do que o atual imposto interno sobre os produtos petrolíferos (*taxe intérieure sur les produits pétroliers* – TIPP)[4].

---

3. Sem prejuízo, aliás, de outras medidas de salubridade pública, como a imposição de um salário máximo, proposta pelo MAUSS, ou a abolição pura e simples de todas as patentes, proposta por Jean-Pierre Berlan.

4. Gilles Rotillon, "L'économie de l'environnement définit un espace de négociation rationnel", *Cosmopolitiques*, n.º 13, Paris, Apogée, p. 91.

3) *Relocalizar as atividades.* Sobretudo questionando o volume considerável de deslocamentos de homens e de mercadorias no planeta, considerando-se o impacto nefasto deles sobre o meio ambiente.

4) *Restaurar a agricultura camponesa*, ou seja, estimular a produção mais local, sazonal, natural, tradicional possível.

É importante suprimir progressivamente o uso de pesticidas químicos alergênicos, neurotóxicos, imunodepressores, mutagênicos, carcinogênicos, perturbadores endócrinos e, portanto, reprotóxicos (que podem provocar esterilidade)[5].

5) *Transformar os ganhos de produtividade em redução do tempo de trabalho e em criação de empregos*, enquanto persistir o desemprego.

Na França, em mais ou menos dois séculos, a produtividade por hora de trabalho viu-se multiplicada por 30, a duração individual do trabalho foi dividida apenas por 2 e o emprego só foi multiplicado por 1,75, enquanto a produção se viu multiplicada por 26[6]. É preciso inverter as prioridades: dividir o trabalho e aumentar o lazer.

6) *Impulsionar a "produção" de bens relacionais*, como a amizade ou o conhecimento, cujo estoque disponível, "consumido" por mim, não diminui, muito pelo contrário.

---

5. Fabrice Nicolino e François Veuillerette, *Pesticides, révélations sur um scandale français*, Paris, Fayard, 2007.

6. Olivier Marchand e Claude Thélot [1997], citados por Thierry Paquot, *Terre urbaine, op.cit.*

"A troca intelectual", nos explica Bernard Maris, "é fundamentalmente diferente da troca mercantil. Numa troca intelectual, quem dá não perde nada e quem recebe toma mas não despoja seu interlocutor. O saber, o conhecimento, a arte podem, assim, ser compartilhados e 'consumidos' por todos. O teorema de Pitágoras é utilizado por milhões de indivíduos, aplicado a milhares de funções, sem que ninguém dele seja privado. O conhecimento é um bem coletivo, uma fonte da juventude em que todos podemos nos abeberar, sem despertar a menor frustração no outro."[7] "A felicidade", dizia Raoul Follereau, "é a única coisa que temos certeza de ter depois de a termos dado". Todo esse "desfrute do que não se compra": "os prazeres suscitados por uma conversa animada, uma refeição com amigos, um bom ambiente de trabalho, uma cidade em que nos sentimos bem, a participação nesta ou naquela forma de cultura (profissional, artística, esportiva etc.) e, de modo mais geral, o leque das relações com os outros. A maioria desses 'bens', cuja base é, por excelência, a vida em sociedade, só existe se for desfrutada entre muitos"[8]. "Até mesmo o último lobo das estepes", insinua Jean-Paul Besset, "concordaria: o 'relacional' é a melhor parte das alegrias (e das dores) da vida."[9]

7. Bernard Maris, *Antimanuel d'économie*, vol. 2: "Les cigales", *op. cit.*, p. 182.

8. François Flahaut, *Le Paradoxe de Robinson. Capitalisme et société*, *op. cit.*, p. 151.

9. Jean-Paul Besset, *Comment ne plus être progressiste... sans devenir réactionnaire*, *op. cit.*, p. 254.

7) *Reduzir o desperdício de energia* por um fator 4, conforme os estudos da associação negaWatt[10].

8) *Taxar pesadamente as despesas com publicidade.* Poder-se-ia até retomar a proposta de Nicolas Hulot ao pé da letra: "Dentro desse espírito, deve-se estudar a possibilidade de proibir gradualmente toda publicidade durante os programas destinados às crianças, em particular as mensagens que valorizam produtos prejudiciais à saúde delas. O objetivo, nesse caso, é limitar o condicionamento ao consumo de telespectadores numa idade em que eles não têm a distância crítica necessária ante os apelos publicitários."[11]

9) *Decretar uma moratória sobre a inovação tecnocientífica,* fazer um balanço sério e reorientar a pesquisa científica e técnica em função das novas aspirações[12].

---

10. Associação que reúne cento e dez especialistas e profissionais que estudam a possibilidade de dividir por quatro as emissões de gases do efeito estufa até 2050 na França, combinando sobriedade energética (reduzir os desperdícios) e eficácia energética (melhorar os rendimentos).

11. Nicolas Hulot, *Pour un pacte écologique, op. cit.*, p. 254. Os verdes, por sua vez, propunham, em seu programa de 2007, proibir a publicidade nas redes públicas de televisão (Pascal Canfin, *L'économie verte expliquée à ceux qui n'y croient pas, op. cit.*, p. 112).

12. Este último ponto coincide com uma preocupação de Cornelius Castoriadis: "Como traçar o limite? Pela primeira vez, numa sociedade não religiosa, temos de enfrentar a seguinte questão: deve-se controlar a expansão do próprio saber? E como fazer isso sem cair numa ditadura sobre as mentes? Creio que podemos formular alguns princípios simples: 1) Não queremos uma expansão ilimitada e irrefletida da produção, queremos uma eco-

Será o caso de procurar desenvolver, por exemplo, a "química verde" em vez de moléculas tóxicas, e a medicina ambiental em vez do tudo-é-genético, favorecer as pesquisas em agrobiologia e em agroecologia em vez da agroindústria (OGM e outras quimeras vivas). A moratória deveria se estender, em perspectiva, até os grandes projetos de infraestrutura (Iter [International Thermonuclear Experimental Reactor], autoestradas, TGV [Trem de alta velocidade], incineradores etc.)[13].

Proposto pela primeira vez em 2004 num artigo do *Monde diplomatique*, esse programa coincide com outras proposições feitas posteriormente, como as do contrato ecológico de Nicolas Hulot ou as 164 medidas do memorando do Chamado de Paris[14]. Em ambos os casos, encontramos um diagnóstico das ameaças e uma prescrição de soluções próximos dos nossos, acrescidos de uma abundância de informações bem como do detalhamento das medidas concretas que estavam fora do alcance de nossos parcos meios, o que só nos alegra. Tudo isso se junta ou completa a maioria

---

nomia que seja um meio e não o fim da vida humana; 2) Queremos uma expansão livre do saber, mas... (com) *phronesis* [prudência]." "L'écologie contre les marchands", in *Une société à la derive*, *op. cit.*, p. 238.

13. "É imperativo estabelecer urgentemente uma moratória para a construção de novos incineradores e para a concessão de licenças de coincineração", memorando do Chamado de Paris, citado por Dominique Belpomme, *Avant qu'il ne soit trop tard*, *op. cit.*, p. 257.

14. Ver Dominique Belpomme, *ibid.*, 2007.

das medidas preconizadas pelos ecologistas, baseadas numa taxação das máquinas, na diminuição dos impostos sobre o trabalho, em reformas agrárias (recriar camponeses) e em trabalhos que favoreçam a economia de energia e de consumo dos recursos naturais[15]. Também é possível pensar em financiar uma política do tempo livre [*politique du temps choisi*], por meio de pesados impostos sobre o consumo de produtos cujos preços relativos continuem a baixar.

Podemos recuperar os projetos desejáveis em escala mundial, fiscais sobretudo, preconizados por Attac:

– Regulamentação fiscal sobre operações financeiras: "Criar um imposto sobre as transações de câmbio e de bolsa."

– Uma taxa adicional unitária sobre os ganhos das empresas transnacionais, para limitar o *dumping* fiscal.

– Um imposto sobre a fortuna em escala mundial. Com erradicação dos paraísos fiscais e supressão do sigilo bancário.

– Uma taxa sobre as emissões de carbono.

– Uma taxa sobre os rejeitos nucleares de vida muito longa e altamente ativos[16].

Quando se trata da proteção do meio ambiente, o padrão global é inevitável, porque as polui-

---

15. Fabrice Flipo, "Pour l'altermondialisme. Une réponse à Isaac Johsua", disponível em http://decroissance. free.fr/ Reponse-Isaac_Johsua.rtf.

16. Attac, *Pauvreté et inégalités, ces créatures du néolibéralisme*, *op. cit.*, pp. 186-7.

ções ignoram fronteiras. O problema da realização é ainda mais complexo, pois, por ora, é no âmbito dos Estados que as coisas ocorrem, direta ou indiretamente.

No cerne desse programa está a internalização das deseconomias externas (danos provocados pela atividade de um agente que joga seu custo sobre a coletividade). Todos os disfuncionamentos ecológicos e sociais – dos acidentes rodoviários aos gastos com medicamentos contra o estresse – podem e devem ser pagos pelos agentes responsáveis por eles, notadamente por meio de ecotaxas. Os três ingredientes "incitadores-ao-crime" denunciados na primeira parte, que são a publicidade, a obsolescência programada e o crédito, podem ser considerados externalidades negativas da sociedade de crescimento. Embora seus efeitos nocivos sejam incomensuráveis, uma taxação e um controle permitiriam, apesar de tudo, reduzir seu alcance. Essa é uma política em duas etapas: por um lado, ela reduz progressivamente a pegada ecológica; por outro, fornece à coletividade recursos preciosos para amortecer o choque, para proceder a investimentos de transformação indispensáveis ou para paliar os inevitáveis disfuncionamentos provocados pelo novo curso das coisas. Por exemplo, desenvolver transportes coletivos e ajudar os mais pobres penalizados pelas significativas altas dos preços dos transportes.

Imaginemos tão somente o impacto da internalização dos custos dos transportes sobre o meio ambiente, sobre a saúde; o da cobertura, por parte das empresas, dos custos da educação, da segurança, do desemprego etc., sobre o funcionamento de nossas sociedades! Essas medidas "reformistas" são em princípio conformes à teoria econômica ortodoxa – o economista liberal Arthur Cecil Pigou formulou seu princípio desde o início do século XX![17] Ele mostrou que, para atingir o grau ótimo (o bem-estar máximo de todos os consumidores e produtores), cumpria corrigir os preços por um sistema de taxações ou de subsídios: taxas para fazer o produtor de danos suportar os efeitos externos nefastos que ele impõe a seus vizinhos, subsídios para recompensar o produtor de efeitos externos positivos. Isso deveria incitar os agentes a levar em conta os efeitos sociais de suas decisões privadas e modulá-las em função disso. Nascia assim o princípio do poluidor-pagador. "Sem mudar nada do próprio mecanismo do mercado (ao contrário das regulamentações coercitivas), limitando-se a corrigi-lo por um sistema de taxas, torna-se possível", segundo Denis Clerc, "fazer coincidir interesses privados e interesse social (ou geral)."[18] É também nesse princípio que se apoia o pacto

17. "Teoricamente, em economia de mercado, as 'externalidades' devem ser internalizadas, seja por meio de uma taxa, seja pela criação de direitos de propriedade, com os mecanismos de mercado conduzindo, então, a uma situação socialmente preferível", Catherine Aubertin e Franck-Dominique Vivien (org.), *Le Développement durable. Enjeux politiques, economiques et sociaux*, Paris, La Documentation française, 2006, p. 64.

18. "Peut-on faire l'économie de l'environnement?", *Cosmopolitiques*, n.º 13, Apogée, 2006, p. 15.

ecológico de Nicolas Hulot. Com a ressalva de que, se fossem levadas a suas últimas consequências, essas medidas provocariam uma verdadeira revolução e permitiriam realizar, em sua quase totalidade, o programa de uma sociedade de decrescimento. É certo que as empresas que obedecem à lógica capitalista ficariam muito desestimuladas e muitas atividades deixariam de ser "rentáveis"; então, o sistema ficaria bloqueado. Assim, nos Estados Unidos, segundo o Centro Internacional de Avaliação de Tecnologia (International Center for Technology Assessment), se os custos invisíveis do carburante estivesse incluídos nele – acidentes de carro, poluição do ar, custos de funcionamento das bases militares para impedir os povos dos países produtores de ter o controle de seu próprio petróleo, subsídios para as companhias petrolíferas –, o preço do carburante subiria bruscamente para 14 dólares o galão contra um dólar de hoje[19]. A esse preço, deixaria de haver aviação civil e sem dúvida muito menos carros estariam nas estradas.

Outra maneira de proceder à internalização das externalidades negativas provocadas pelo sistema seria, simplesmente, obrigar as empresas a fazer uma cobertura de seguro completa contra os riscos e danos que elas fazem a sociedade suportar. Já sabemos que nenhuma companhia de segu-

---

19. *Sierra Magazine*, abril de 2002, citado por Derek Rasmussen, "Valeurs monétisées et valeurs non monétisables", in *Intercultura*, n.º 147, outubro de 2004, Montreal, "Le terrorisme de l'argent I", p. 19.

ros aceita cobrir o risco nuclear, o risco climático, o risco OGM nem o das nanotecnologias[20]. Dá para imaginar a paralisia provocada pela obrigação de cobertura do risco sanitário, do risco social (desemprego) e até do risco estético.

Claro que o político que propusesse tal programa e que, depois de eleito, o pusesse em execução seria assassinado na semana seguinte. Com rara lucidez, num discurso pronunciado na ONU em dezembro de 1972, o presidente Salvador Allende, precisamente assassinado alguns meses depois por ter posto em execução uma política infinitamente menos subversiva do que aquela que propomos, deu uma explicação que continua mais atual que nunca: "O drama de minha pátria é o de um Vietnã silencioso. Não há tropas de ocupação nem aviões no céu do Chile. Mas enfrentamos um bloqueio econômico e estamos privados de linhas de crédito pelos organismos de financiamento internacionais. Estamos diante de um verdadeiro conflito entre as multinacionais e os Estados. Estes já não são donos de suas decisões fundamentais, políticas, econômicas e militares por causa das multinacionais que não dependem de nenhum Estado. Elas operam sem assumir suas responsabilidades e não são controladas por nenhum parlamento ou nenhuma instância representativa do interesse geral. Em suma, é a estrutura política do mundo que

20. Elas também excluíram os eventuais riscos sanitários provocados pelas ondas dos telefones celulares.

está abalada. As grandes empresas multinacionais prejudicam os interesses dos países em vias de desenvolvimento. Suas atividades subjugadoras e sem controle prejudicam também os países industrializados em que elas se instalam."[21] E, em 1972, ainda não se falava de "globalização".

Colidimos com o poder real da oligarquia plutocrática que domina o mundo e cujos *lobbies* são a sua expressão mais visível. Os poderes públicos, as administrações, os próprios centros de pesquisas estão mais ou menos sob as ordens desse complexo agora mundial. Lembremos que sob a pressão dos interesses econômicos muitos alertas lançados por cientistas (amianto, aflatoxina, fipronil e imidaclopride, heparina, campos eletromagnéticos, dioxina, perturbadores endócrinos...) foram abafados por agências governamentais – cortando os créditos dos laboratórios envolvidos ou até demitindo de suas funções os cientistas responsáveis (às vezes com a cumplicidade dos sindicatos para "proteger" os empregos)[22].

O programa de uma política nacional de decrescimento parece paradoxal. A implementação de proposições realistas e razoáveis tem pouca chance de ser adotada e menos ainda de culminar numa subversão total. Esta pressupõe a mudança no ima-

---

21. Citado por Bernard Langlois no seu bloco de notas de *Politis*,14 de dezembro de 2006.

22. André Cicolella e Dorothée Benoit-Browaeys, *Alertes santé*, Paris, Fayard, 2005.

ginário que só a realização da utopia fecunda da sociedade autônoma e convivial pode provocar.

O que falta não são nem perspectivas nem soluções, mas as condições de sua implementação. É possível imaginar vários cenários de transição suave, com medidas muito progressivas das reduções necessárias. O importante é a mudança radical de rumo. Portanto, importa criar as condições para tal mudança. A elaboração profunda do projeto visa precisamente favorecer essas condições.

Trabalho para todos numa sociedade de decrescimento

A crítica "de esquerda" mais dura dos adversários do decrescimento diz respeito ao abandono do pleno emprego que nosso projeto implicaria[23]. Instados a serem "realistas" nesse contexto, que soluções os objetores de crescimento, "esses filhos de ricos" segundo um jornalista do *Le Monde*, sugerem então para o problema do desemprego?[24]

Como a retomada por meio do consumo e, portanto, do crescimento está excluída para os "objetores de crescimento", a imposição de uma re-

23. "Jean-Marie Harribey", nota com razão Paul Ariès, "nos acusa fundamentalmente de quatro coisas: decrescer sem sair do capitalismo, decrescer sem limites, não ver que outra economia além do capitalismo é possível e renunciar à perspectiva do pleno emprego", Paul Ariès, *Décroissance ou barbarie*, Lyon, Golias, 2005, p. 87.

24. "Deve-se tomar a doutrina do decrescimento pelo que ela é: [...] um capricho de filhos de ricos totalmente egoístas", Pierre-Antoine Delhommais, *Le Monde*, 30 de julho de 2006.

dução feroz do tempo de trabalho é uma condição necessária para sair de um modelo trabalhista de crescimento, mas também para garantir a todos um emprego satisfatório a fim de realizar (na França) a necessária redução de dois terços de nosso consumo dos recursos naturais. Donde essa – aparente – defasagem de nível de realismo e de temporalidade entre nossas proposições e as dos "retomistas": apesar da extrema necessidade, não se vai suprimir do dia para a noite todos os pesos pesados que transportam nossos *hiperconsumos* (mas também uma parte importante de nosso consumo), como tampouco o parque automotivo ou a frota aérea. Será preciso tempo para relocalizar a produção, as trocas, os modos de vida. Trata-se decerto de um desafio, pois, apesar da urgência social e ainda que ela mexa no formigueiro político, a política ecológica não pode ser postergada para o longo prazo. Tem de começar hoje e prever suas etapas sem perder o rumo. Aliás, seja qual for a opinião de nossos detratores, a política ecológica não tem dificuldade alguma de integrar a política social. É inclusive a condição de uma mudança que não se limite a um simples rearranjo tosco do sistema. "Não é possível resolver a crise ambiental sem resolver os problemas sociais", dizia Murray Bookchin em 1990[25]. Sem dúvida, mas hoje a recíproca talvez seja ainda mais verdadeira. Não se irá

---

25. "*We cannot solve the environmental crisis without solving social problems.*"

resolver o problema social sem resolver a crise ecológica.

No que tange ao emprego, alguns "objetores de crescimento" referem-se a "nossos ancestrais que, para sobreviver, trabalhavam arduamente e sobretudo penosamente". Pensam até que, longe de criar desemprego, o decrescimento exigiria um aumento da duração do trabalho e criaria um excesso de emprego[26]. O abandono do produtivismo e da exploração dos trabalhadores do Sul geraria mais trabalho para satisfazer um nível de consumo final equivalente (obtido, eventualmente, com uma forte redução do consumo intermediário)[27]. De acordo com um estudo da Federação Nacional dos Agricultores *bio*, poderiam ser criados 90 mil empregos na França, se seu número

26. Vincent e Denis Cheynet, "La décroissance pour l'emploi", *La décroissance*, nº 3, julho de 2004. Essa referência ao passado coloca um problema: de que ancestrais se está falando? Os da idade da pedra, como analisa Marshall Sahlins em seu famoso livro *Âge de pierre, âge d'abondance* (Gallimard, 1976), contentavam-se com três ou quatro horas de "trabalho" por dia para garantir a vida do grupo. Sem ter de ir tão longe, segundo Gorz, mil horas por ano era a norma até o começo do século XVIII (André Gorz, *Capitalisme, socialisme, écologie, op. cit.*, p. 179). Ora, mil horas por ano dão uma média de vinte horas por semana, ou seja, quase as cadências realmente não muito infernais do neolítico...

27. Dominique Vérot, da Federação Nacional da Agricultura Biológica, avalia em 30% a mão de obra suplementar por hectare cultivado em comparação com a agricultura tradicional, mas com um rendimento de aproximadamente a metade, donde uma necessidade de 2,5 vezes mais mão de obra. Eva Sas, "Conversion écologique de l'économie: quel impact sur l'emploi?", *Cosmopolitiques*, nº 13, *op. cit.*, p. 188.

passasse dos tristes 2% atuais para 9% como na Áustria. Com 15%, teríamos entre 120 mil e 150 mil empregos criados[28]. Também o fim do petróleo deveria nos condenar a empregar. Os combustíveis fósseis (petróleo e gás natural) garantem hoje 80% do consumo de energia primária do mundo. Como um barril de petróleo contém o equivalente energético de 25 mil horas de trabalho humano (ou, mais exatamente, 10 mil horas, considerando o rendimento das melhores máquinas conversoras de carburante em trabalho mecânico), nosso consumo diário de hidrocarburetos equivale ao trabalho diário de mais de 300 bilhões de seres humanos, "como se cada pessoa sobre a terra tivesse à sua disposição cinquenta escravos"[29].

Se a França aplicasse a diretriz europeia e produzisse 20% de sua eletricidade a partir de energias renováveis como a solar ou a eólica, isso criaria 240 mil empregos[30]. Um documento publicado pela Comissão Europeia em 2005 mostrou que cada milhão de euros investido na eficácia energética cria de 12 a 16 empregos de tempo pleno contra 4,5 para uma central nuclear e 4,1 para uma

28. Pascal Canfin, *L'Économie verte*, *op. cit.*, p. 107.
29. Yves Cochet, *Pétrole apocalypse, op. cit.*, pp. 192 e 139. "Um motor a gasolina de potência média pode transformar as 10.000 kcal de um litro de carburante em 2,3 kWh de energia mecânica para acionar o tambor de uma betoneira ou o virabrequim de um carro, o que corresponde a mais de quatro dias de trabalho muscular humano comum", *ibid.*, p. 91.
30. Pascal Canfin, *op. cit.*, p. 19.

central a carvão[31]. Em outras palavras, custa duas vezes menos economizar um quilowatt-hora do que produzi-lo.

Estamos portanto diante de quatro fatores que operam em vários sentidos: 1) uma baixa de produtividade incontestável devido ao abandono do modelo termoindustrial, de técnicas poluentes e de equipamentos energívoros; 2) a relocalização das atividades e o fim da exploração do Sul; 3) a criação de empregos (verdes) em novos setores de atividade; 4) uma mudança de modo de vida e a supressão das *necessidades* inúteis ("enxugamentos" importantes na publicidade, no turismo, nos transportes, na indústria automobilística, no agro-business, nas biotecnologias etc.). Os três primeiros operam no sentido de um aumento da quantidade de trabalho, o último em sentido contrário. A satisfação das necessidades de uma arte de viver convivial para todos pode se realizar a partir de uma diminuição sensível do tempo de trabalho obrigatório, dado o tamanho expressivo das "reservas". Pois, durante séculos, os ganhos de produtividade foram sistematicamente transformados em crescimento do produto e não em decrescimento do esforço. Não esqueçamos tampouco a superestimação sistemática dos ganhos de produtividade das inovações técnicas, de que não são deduzidos os custos menos visíveis. Simetricamente, subesti-

---

31. Commission européenne, "Livre vert de l'efficacité énergétique", junho de 2005.

ma-se o potencial de ganhos de produtividade das ferramentas conviviais[32]. É sensato pensar que, depois de uma queda brutal da produtividade global devido ao abandono das técnicas tóxicas, será possível contar com ganhos de produtividade modestos mas regulares, particularmente na ecoeficiência. Isso possibilitaria, ao menos teoricamente, uma transição suave. Claro que se podem debater e elaborar diversos modelos de simulação. Em todo caso, uma sociedade de decrescimento deveria oferecer empregos assalariados produtivos para todos aqueles que assim desejassem, em vez de transformar, mais ou menos artificialmente, atividades não mercantis em trabalho assalariado e multiplicar os empregos parasitários ou servis.

Aliás, num primeiro tempo, é possível que uma política de decrescimento se traduza paradoxalmente no nível macroeconômico por um aumento da produção devido à demanda direcionada de produtos e de equipamentos ecológicos e de todas as profissões necessárias.

Lester Brown indica nove setores produtivos que deveriam ser desenvolvidos numa economia "solar", isto é, baseada em energias renováveis: a construção dos aerogeradores e das turbinas correspondentes, a produção de células fotovoltaicas,

---

32. Assim, "ajustando adequadamente um rolamento de esferas entre duas mós neolíticas, um índio pode moer atualmente tantos grãos num dia quanto seus ancestrais numa semana", Ivan Illich, *Énergie et équité*, in *OEuvres complètes*, vol. 1, Paris, Fayard, 2004, p. 419.

a indústria da bicicleta, a produção de hidrogênio e de motores correspondentes, a construção de metrôs leves, a agricultura biológica e o reflorestamento. Antes e depois, deveriam se desenvolver novas profissões, dos especialistas florestais aos ecoarquitetos[33].

As reduções, a reutilização, o conserto e a reciclagem, ligados ao abandono da obsolescência programada, também farão nascer novas atividades, diferentes daquelas propostas pelos antiliberais patentes da esquerda tradicional, que querem construir hospitais e escolas para *salvar* os empregos. Não se trata de uma "retomada" global cega. E, menos que a atonia do consumo, é o super ou hiperconsumo que continua sendo o inimigo principal. Contudo, o decrescimento não é um dogma rígido, é um questionamento da lógica do crescimento pelo crescimento. Portanto, lado a lado com a redução do tempo de trabalho e da regressão das atividades nocivas, a expansão de novas atividades desejáveis poderia gerar um saldo positivo de empregos.

É possível imaginar uma transição mais ou menos longa, durante a qual os ganhos de produtividade serão transformados em redução do tempo de trabalho e em criação de empregos, sem afetar os salários (em todo caso, os mais baixos) ou a produção final, contanto que seu conteúdo

---

[33]. Lester R. Brown, *Éco-économie: une autre croissance est possible, écologique et durable*, Paris, Le Seuil, 2003.

seja transformado. A passagem pode ser indolor, o que mais importa é não transigir com os objetivos. Mudando a vida, resolveremos o problema do desemprego, ao passo que, focando no problema do emprego em si mesmo, corre-se o risco de nunca mudar de sociedade e de ir de cara contra o muro.

Sair da sociedade trabalhista pelo decrescimento

A redução drástica do tempo de trabalho constitui uma primeira proteção contra a flexibilidade e a precariedade. O direito do trabalho, na mira dos liberais por ser fonte de rigidez, deve por esse motivo ser mantido e fortalecido. Ele decerto facilita o necessário decrescimento. Cumpre defender pisos mínimos de salários decentes contra a teoria dos economistas da demissão voluntária, essa impostura. O *retorno* à "desmercantilização" do trabalho é um imperativo. O atual jogo do "menor preço social"* é tão inaceitável quanto o do menor preço ecológico[34]. Em 1946, esperava-se que um assalariado de 20 anos trabalhasse um terço de sua vida desperta; em 1975, apenas um quarto; hoje, menos de um quinto. Será que por isso se

* No original *moins-disant social*, expressão que faz referência à prática de "dumping social" por parte das multinacionais. (N. da T.)
34. Sobre esse ponto, remetemos o leitor aos desenvolvimentos que dedicamos ao tema em *justice sans limites*, *op. cit.*, em particular no capítulo 6.

tem a sensação de estar liberado do trabalho? Provavelmente menos que nunca. "Para os assalariados", nota Bernard Maris, "o que há não é o fim do trabalho, como pareceria mostrar a baixa tendencial das horas trabalhadas, e sim o trabalho sem fim, a precariedade, o isolamento, o estresse, o medo e a certeza de ter de abandonar seu local de trabalho bem rápido."[35]

Portanto, redução do tempo de trabalho e mudança de seu conteúdo são, antes de mais nada, escolhas da sociedade, consequência da revolução cultural convocada pelo decrescimento. Aumentar o tempo não imposto para possibilitar a plenitude dos cidadãos na vida política, privada e artística, mas também no jogo ou na contemplação, é a condição de uma nova riqueza. Gabriel Tarde já dizia que "o lugar que as necessidades suprimidas deixaram no coração é tomado pelos talentos, talentos artísticos, políticos, científicos, que se multiplicam e se enraízam a cada dia"[36].

A questão fundamental, pois, não é o número exato de horas necessárias, mas o lugar do trabalho como "valor" na sociedade. Nos últimos anos, a perda de referências não deixou de perturbar os políticos profissionais da esquerda, entre as profecias da metamorfose ou do fim do trabalho[37] e a reati-

---

35. Bernard Maris, *Antimanuel d'économie*, vol. 2, *op. cit.*, p. 109.
36. Gabriel Tarde, *Fragment d'histoire future*, (1896), Genebra, Slatkine, 1980, p. 92.
37. Ver André Gorz, *Métamorphoses du travail, Quête de sens. Critique de la raison économique*, Paris, Galilée, 1988; Jeremy Rifkin, *La*

vação surrealista da ideologia trabalhista. Mesmos desvarios em relação à idade da aposentadoria: depois da onda de demissões antecipadas, a tendência agora é de postergações[38]. Da denúncia de um retorno ao Speenhamland com o RMI (renda mínima de inserção)[39], à reivindicação de direita ou de esquerda de uma "renda de cidadania", passando pelo ataque frontal às "35 horas", a sociedade francesa (direita e esquerda indistintamente), a exemplo de todas as sociedades ocidentais, oferece o espetáculo de uma grande confusão sobre a questão do trabalho.

O decrescimento, por sua vez, implica ao mesmo tempo redução quantitativa e transformação qualitativa do trabalho. Individualmente, já houve quem conseguisse sair da sociedade trabalhista e essas experiências podem indicar um caminho, desde que se consiga resistir à engrenagem da acumulação ilimitada e evitar o ciclo infernal das

---

fin du travail, Paris, La Découverte, 1996. Dominique Méda, *Le Travail. Une valeur en voie de disparition*, Paris, Alto/Aubier, 1995; Jacques Robin, *Quand le travail quitte la société post-industrielle*, Paris, GRIT éditeur, 1994.

38. Segundo o relatório europeu de Wim Kok (2003), "Travailler après 60 ans doit devenir la norme" (citado por Christophe Ramaux, *Emploi: éloge de la stabilité. L'État social contre la flexicurité*, Paris, Mille et une nuits, 2006, p. 89).

39. Essa renda, equivalente a meio-SMIC (salário mínimo interprofissional de crescimento), é dada com a condição de os ativos sem emprego buscarem se reinserir. Speenhamland, baseado no nome da localidade em que surgiu, designou o sistema de subsídios fornecidos aos trabalhadores pobres na Inglaterra antes de 1830 e que foi considerado contraprodutivo.

necessidades e da renda. É o que tentou mostrar o Repas (sigla em francês de Rede de troca das práticas alternativas e solidárias)[40]. Trabalhar menos e de outro modo pode querer dizer recuperar o gosto pelo lazer, alcançar a abundância perdida das sociedades de coletores-caçadores analisada por Marshall Sahlins[41]. Autolimitar-se é, de certo modo, tornar-se "objetor de crescimento". É na realização das condições objetivas dessa mudança na escala da sociedade que deve se fixar a construção de uma sociedade de decrescimento.

"Mudar a vida" (*slogan* dos socialistas em 1981) ou trabalhar por "um outro mundo" (*slogan* de Attac em 2002) é realizável em 2007, mas não com velhas receitas e não sem ruptura. Os possíveis compromissos sobre os meios da transição não devem fazer perder de vista os objetivos com os quais não se pode transigir. O relativo fracasso das "35 horas" foi consequência da ausência dessa determinação. É igualmente instrutivo voltar a examinar os motivos do fracasso do programa do partido social-democrata (SPD) alemão de 1989. Era um programa que propunha "a redução da jornada semanal para trinta horas em cinco dias, à qual viria se somar o direito ao ano sabático e às férias

---

40. Ver Michel Lulek, *Scions... travaillait autrement? Ambiance bois, l'aventure d'un collectif autogéré*, Valence, Repas 2003; e Béatrice Barras, *Moutons rebelles: Ardelaine, la fibre du développement local*, Valence, Repas, 2002.

41. *Âge de Pierre, âge d'abondance, op. cit.*

(pagas) adicionais para os pais de filhos de pouca idade e de pessoas necessitadas de cuidados"[42], ou seja, em média, mil horas de trabalho por ano. Também pregava claramente um decrescimento: "É preciso que decresça e desapareça o que ameaça as bases naturais da vida"[43], de que fazem parte o nuclear e, em parte, o automóvel para uso particular. Era um programa que se apoiava na ideia de que racionalidade ecológica e racionalidade econômica (portanto, capitalista) combinam, com as famosas estratégias *win-win* (ganha-ganha). Diz-se que: "No longo prazo, o que é ecologicamente irracional não pode ser economicamente racional [...]. As necessidades ecológicas devem se tornar princípios básicos da atividade econômica. Se nos comprometermos a tempo com a modernização ecológica, aumentaremos nossas chances de conquistar os mercados de amanhã e melhoraremos a competitividade de nossa economia."[44] É sem dúvida nesse desejo de não questionar a lógica capitalista que reside a causa do fracasso. "Seria ilusório crer e paradoxal esperar", comenta Gorz, "que a racionalização ecológica pudesse compensar o decrescimento e a conversão das indústrias clássicas empregando numa 'economia do meio ambiente' a mão de obra e os capitais economizados

---

42. André Gorz, *Capitalisme, socialisme, écologie, op. cit.*, p. 83.
43. *Ibid.*, p. 91. É certo que "é preciso que cresça o que consolida as bases da vida, melhora sua qualidade [...], favorece a autodeterminação e as atividades autônomas de criação".
44. Citado por André Gorz, *ibid.*, p. 92.

em outra parte. Para muitas empresas, a conversão ecológica pode ser um motor de crescimento no período de transição, mas este não pode ser o objetivo no longo prazo do ponto de vista macroeconômico. [...] Trata-se de uma política indispensável que não deve ser apresentada como uma escolha motivada pela oportunidade econômica."[45] Afinal de contas, afora alguns avanços notáveis no plano ecológico na Alemanha e algumas conquistas sociais na França (o RMI, as 35 horas), nem a Europa social nem a Europa ecológica sequer iniciaram qualquer realização, apesar de uma maioria de governos de esquerda.

Resta precisar o conteúdo da política do tempo liberado. Em 1962, o sociólogo Joffre Dumazedier publicou um estudo pioneiro, "Vers une civilization du loisir?" [Rumo a uma civilização do lazer], no qual examinava detalhadamente as três funções do lazer: o relaxamento, a diversão e o desenvolvimento (pessoal). Toda a sua construção se baseava na hipótese de um "sujeito autônomo". Ora, na mesma época, Henri Lefebvre mostrava que, se "já não é por, no e com o trabalho que cada um se constrói" na "sociedade burocrática de consumo dirigido", "o sentido da vida é a vida sem sentido"[46].

45. *Ibid.*, p. 93.
46. Henri Lefebvre, *La Vie quotidienne dans le monde moderne* (1968), citado por Thierry Paquot, *Éloge du luxe. De l'utilité de l'inutile*, Paris, Bourin, 2005, p. 29.

O decrescimento: um programa político

Sem um "reencantamento" da vida, também o decrescimento estaria fadado ao fracasso. Resta a necessidade de devolver sentido ao tempo liberado. Enquanto o trabalho assalariado não for transformado, as classes laboriosas não terão "aptidão para o lazer", ou seja, "os meios objetivos e subjetivos para ocupar o tempo liberado mediante atividades autônomas"[47]. Daniel Mothé mostra isso: nas condições atuais, o tempo liberado do trabalho nem por isso está liberado da economia. A maior parte do tempo livre não leva a uma reapropriação da existência e não constitui uma escapada para fora do modelo mercantil dominante. Geralmente o tempo é empregado em atividades também mercantis, que não permitem que o consumidor empreenda o caminho da autoprodução. Ele é conduzido para uma via paralela. O tempo livre se profissionaliza e se industrializa cada vez mais[48]. A saída do sistema produtivista e trabalhista atual pressupõe uma organização totalmente diferente em que, além do trabalho, sejam valorizados o lazer e o jogo, em que as relações sociais primem sobre a produção e o consumo de produtos descartáveis inúteis ou até nocivos. "Fundamentalmente", escreve François Brune, "estamos confrontados com uma reconquista do tempo pessoal. Um tempo qualitativo. Um tempo que cultiva a len-

---

47. Rainer Land, citado por André Gorz, *op. cit.*, p. 121.
48. Daniel Mothé, *L'utopie du temps libre*, Paris, Esprit, 1997 (aqui, citado conforme a edição italiana, *L'utopia del tempo libero*, Turim, Bollati Boringhieri, 1998).

tidão e a contemplação, liberado do pensamento do produto." Retomando Hannah Arendt, não só os dois componentes recalcados da *vita activa*, a obra do artesão ou do artista e a ação propriamente política, recuperariam seus direitos ao lado da labuta, mas a própria *vita contemplativa* seria reabilitada. Segundo André Gorz, é preciso haver "uma *política do tempo* que inclua a reorganização do ambiente de vida, a política cultural, a formação e a educação, e que refunde os serviços sociais e os equipamentos coletivos de tal modo que neles haja mais espaço para as atividades autogeridas, de ajuda mútua, de cooperação e de autoprodução voluntárias"[49]. Talvez seja nesse ponto que a divergência de "sensibilidades" entre nossos críticos e nós seja mais visível. Salvar o emprego a qualquer preço, como nos propõe Christophe Ramaux e, de maneira mais matizada, Jean-Marie Harribey, costuma traduzir, conscientemente ou não, um apego visceral à sociedade trabalhista. Ora, não queremos salvá-la e sim sair dela. A propaganda trabalhista foi tão bem-sucedida que suas vítimas a revigoraram propondo uma redefinição do "verdadeiro" trabalho como atividade criativa, remetendo à mulher "em trabalho" de parto, isolando-o assim da classe assalariada a que está historicamente ligado[50]. Chegam até a deplorar que o tra-

49. André Gorz, *Capitalisme, socialisme, écologie, op. cit.*, p. 127.
50. Há quem tente desesperadamente "salvar o trabalho" redefinindo-o de modo ideal e esquecendo o trabalho "realmente existente". É a posição de Alain Soupiot. Não foi por acaso que me

balho não tenha estendido suficientemente seu império e sua dominação sobre a vida e que o "trabalho" doméstico ou o voluntariado não sejam levados em conta, ou seja, pagos.

Mediante a alquimia mercantil, a economia muitas vezes se mostrou capaz de *enriquecer o crescimento em empregos** e de efetivamente gerar um crescimento dos valores monetários, mas sem crescimento da satisfação ou até com regressão desta: por um lado, incorporando transporte, embalagem, publicidade, marca, pode-se multiplicar o preço da molécula farmacêutica, do iogurte, da água, de todos os alimentos, sem melhorar sua eficiência[51]. Ora, esse aumento artificial de valor consome uma quantidade considerável de energia (transportes) e de materiais diversos (embalagens, conservação, publicidade...), e é precisamente na diminuição desses consumos intermediários que

---

contrapuseram essa posição num debate com os verdes para "salvar o desenvolvimento". Na verdade, o combate e as questões são os mesmos. Ver Dominique Méda, "Notes pour en finir vraiment avec la 'fin du travail'", *Revue du MAUSS*, nº. 18.

* "Enrichir la croissance en emploi": essa fórmula significou nos anos 1990 na França a diminuição do desemprego ao preço da precarização das condições de trabalho. (N. da T.)

51. "Nos Estados Unidos", relata Bertrand de Jouvenel, "o consumo alimentar *per capita* medido em preços constantes teria progredido em 75% de 1909 a 1957. Ora, segundo os cálculos do Departement of Agriculture, o aumento de consumo fisiológico foi de no máximo 12% a 15%. Ou seja, segundo a análise de Kuznets, ao menos quatro quintos do aparente progresso do consumo de alimentos na verdade refletiram o aumento dos serviços de transporte e de distribuição correspondentes aos alimentos", B. de Jouvenel, *Arcadie, Essais sur le mieux-vivre*, Paris, Sedeis, 1968, p. 178.

deve incidir prioritariamente o esforço do decrescimento. Quase desesperadas, as atuais tentativas de aumentar ainda mais os valores mercantis num planeta esgotado (aquicultura, OGM, energia nuclear, por exemplo) têm um impacto ecológico propriamente catastrófico. É certo que elas criam empregos (geralmente mal pagos), mas a mesma satisfação final poderia ser obtida por uma redução drástica do tempo de trabalho e uma forte redução da pegada ecológica.

Por outro lado, "à força de monetarizar, de profissionalizar, de transformar em empregos as raras atividades de autoprodução e de autosserviço que ainda assumimos por conta própria", André Gorz se pergunta, "não estaremos reduzindo, até finalmente aniquilar, nossa capacidade de cuidarmos de nós mesmos, solapando assim os fundamentos da autonomia existencial, mas também os fundamentos da socialidade vivida e do tecido relacional"[52]? Os diversos artifícios utilizados para converter as atividades em trabalho, com o pretexto de "criar empregos", somam-se àqueles empregados para contar de outro modo e fazer desaparecer os desempregados das estatísticas. "Poderia não haver limite para o desenvolvimento do emprego", acrescenta Gorz, "se conseguissem transformar em prestações de serviços retribuídas as ativi-

---

52. André Gorz, *Capitalisme, socialisme, écologie, op. cit.*, p. 65. Ou ainda: "Será que podemos salvar a sociedade salarial multiplicando os empregos que os pais fundadores da economia política qualificavam de improdutivos?", *ibid.*

dades que cada pessoa assumiu até agora por conta própria."[53] "Agora, a criação de empregos depende principalmente, não da atividade *econômica*, mas da atividade *antieconômica*; não da substituição *produtiva* do trabalho de autoprodução privada pelo trabalho assalariado, mas de sua substituição *contraprodutiva*."[54] Ou seja, a criação de uma nova domesticidade, de uma nova servidão. Nisso consiste toda a ambiguidade dos serviços à pessoa* com que martelam nossos ouvidos!

Inversamente, redescobrir a qualidade fora das lógicas mercantis faz decrescer os valores econômicos. É fácil notar, por exemplo, que, se eu mesmo produzir fora do mercado, reduzo a um só tempo a pegada ecológica e o PIB, ao mesmo tempo que melhoro certa forma de satisfação pessoal. Daí por que a reivindicação de alguns militantes da antiglobalização (multiplicar os empregos de serviços para lutar contra o desemprego) é uma falsa boa ideia[55].

---

53. *Ibid.*, p. 63.
54. *Ibid.*
* São assim denominados serviços que contribuem para o bem-estar das pessoas em seu domicílio. Por exemplo, cuidado das crianças, aulas particulares, serviços domésticos, entregas em domicílio, assistência domiciliar a idosos, doentes, motoristas particulares etc. (N. da T.)
55. O cúmulo foi a obviedade proferida por Attali e Champain: "Considerar a procura de emprego uma atividade seria suprimir o desemprego." Christophe Ramaux comenta: "Alguém tinha de pensar isso: nossos dois autores ousaram fazê-lo", "Changer de paradigme pour supprimer le chômage", Fundação Jean-Jaurès, novembro de 2005.

Essa reconquista do tempo "livre" é uma condição necessária para a descolonização do imaginário. Concerne tanto aos operários e aos assalariados quanto aos executivos estressados, aos patrões atormentados pela concorrência e aos profissionais liberais comprimidos no torno da compulsão ao crescimento. Adversários podem se tornar aliados na construção de uma sociedade de decrescimento.

O decrescimento é assimilável no capitalismo?

O decrescimento é possível sem sair do capitalismo? Essa pergunta reaparece praticamente em cada debate público. Com o pretexto de que denunciamos a globalização e o crescimento sem qualificá-los explícita e constantemente de ultraliberais e de capitalistas, alguns críticos nos acusam de acomodação à exploração capitalista[56]. Na verdade, acusam-nos de jogar, junto com a água suja do capitalismo e do liberalismo, o bebê do desenvolvimento, do crescimento e da economia. Em outras palavras, nós nos recusamos a "salvar" a fantasia de uma *outra* economia, de um *outro* crescimento, de um *outro* desenvolvimento (à escolha: keynesianos, públicos, socialistas, humanos, sustentáveis, limpos...).

---

56. Esta é a primeira das quatro acusações articuladas por Jean-Marie Harribey ao decrescimento (ver nota 23, p. 108).

A resposta tradicional de certa extrema esquerda consiste, com efeito, em atribuir a uma entidade, "o capitalismo", a fonte de todos os empecilhos, de todas as nossas impotências e, por isso mesmo, em definir a localização da cidadela a ser abatida. Na verdade, dizer que rosto tem o adversário é hoje problemático, pois as entidades econômicas, assim como as empresas transnacionais que detêm o poder real, são, por natureza, incapazes de exercê-lo diretamente. Por um lado, Big Brother é anônimo, por outro, a servidão dos sujeitos é hoje mais *voluntária* que nunca, pois a manipulação da publicidade comercial é infinitamente mais insidiosa que a da propaganda política. Como, nessas condições, enfrentar "politicamente" a megamáquina?

Se não insistimos na crítica específica do capitalismo é porque nos parece inútil chover no molhado. No essencial, essa crítica foi feita e benfeita por Karl Marx. Contudo, não basta questionar o capitalismo, também é preciso pôr em questão toda a sociedade de crescimento. E nisso Marx se equivoca. Questionar a sociedade de crescimento implica questionar o capitalismo, mas o inverso não é necessariamente verdadeiro. Capitalismo mais ou menos liberal e socialismo produtivista são duas variantes de um mesmo projeto de sociedade de crescimento, baseado no desenvolvimento das forças produtivas que supostamente favoreceria a marcha da humanidade rumo ao progresso.

Por não integrar as exigências ecológicas, a crítica marxista da modernidade sofre de uma terrível ambiguidade. A economia capitalista é criticada e denunciada, mas o crescimento das forças que ela desencadeia é qualificado de "produtivo" (quando elas são, no mínimo, igualmente destrutivas). Afinal de contas, do ponto de vista do trio produção/emprego/consumo, a esse crescimento são creditados todos os benefícios ou quase todos, ainda que, do ponto de vista da acumulação do capital, ele seja julgado responsável por todas as pragas: a proletarização dos trabalhadores, sua exploração, sua pauperização, sem falar do imperialismo, das guerras, das crises (incluindo, é claro, as ecológicas) etc. A mudança das relações de produção (em que consiste a revolução necessária e desejada) fica assim reduzida a uma alteração mais ou menos violenta do *status* dos que têm direito na divisão dos frutos do crescimento. A partir daí, pode-se discutir interminavelmente sobre seu conteúdo, mas sem questionar seu princípio.

Como o crescimento e o desenvolvimento são respectivamente crescimento da acumulação do capital e desenvolvimento do capitalismo, o decrescimento é obrigatoriamente um decrescimento da acumulação, do capitalismo, da exploração e da predação. Trata-se não só de diminuir a velocidade da acumulação, mas também de questionar o conceito para inverter o processo destrutivo[57].

57. É lamentável, trágico talvez, que a relação entre Karl Marx e Sergueï Podolinsky (1850-1891), esse aristocrata e cientista ucra-

Evidentemente, não é com a esquerda não marxista, que, já faz tempo, se acomodou ao sistema, que se deve contar para levantar a lebre...

Nossa concepção da sociedade do decrescimento não é nem um impossível retorno para trás nem um acomodamento ao capitalismo. É uma "superação" (se possível, em boa ordem) da modernidade. "É tão impossível *convencer* o capitalismo a limitar o crescimento quanto é impossível *persuadir* um ser humano a parar de respirar", escreveu Murray Bookchin[58]. O decrescimento é forçosamente contra o capitalismo. Não tanto por denunciar as contradições e os limites ecológicos e sociais, mas sobretudo porque questiona o "espírito", no sentido em que Max Weber considera "o espírito do capitalismo" como condição de sua realização. Embora, abstratamente falando, talvez seja possível conceber uma economia ecocompatível com persistência de um capitalismo do ima-

---

niano exilado na França, não tenha ido em frente. De fato, aquele genial precursor da economia ecológica queria conciliar o pensamento socialista com a segunda lei da termodinâmica e fazer a síntese entre Marx, Darwin e Carnot. Em todo caso, é provável que, se o encontro intelectual tivesse ocorrido, muitos impasses do socialismo teriam sido evitados e, acessoriamente, algumas polêmicas sobre o caráter de direita ou de esquerda do decrescimento... Ver Joan Martinez Alier e J. S. Naredo, "A marxist Precursor to Energy Economics: Podolinsky", *Peasant Studies*, n.º 9, 1982.

58. "Capitalism can no more be 'persuaded' to limit growth than a human being can be 'persuaded' to stop breathing", in *New York Times*, 7 de agosto de 2006, "Murray Bookchin, 85, Writer, Activist and Ecology Theorist, Dies", by Douglas Martin.

terial, essa perspectiva é irrealista no que concerne às bases imaginárias da sociedade de mercado, a saber: a desmedida e a (pseudo) dominação sem limites. O capitalismo generalizado não pode não destruir o planeta assim como destrói a sociedade e tudo o que for coletivo.

"Sair do capitalismo." Fórmula cômoda para designar um processo histórico que é tudo menos simples: a eliminação dos capitalistas, a interdição da propriedade privada dos bens de produção, a abolição da relação salarial ou da moeda, que mergulhariam a sociedade no caos, só seriam possíveis por meio de um terrorismo maciço e não bastariam, muito pelo contrário, para abolir o imaginário capitalista.

Será que ainda se poderia falar de moeda e de "mercados", de lucro e de proletariado numa sociedade do após-desenvolvimento[59]? Essas "instituições", que alguns identificam um tanto apressadamente com o capitalismo, não são em si mesmas obstáculos. Muitas sociedades humanas conhecem mercados (particularmente a África), moedas e, claro, o lucro comercial, financeiro, industrial até (que seria melhor chamar de "industrioso", quando se trata de artesanato). Nelas também existe a remuneração preestabelecida do trabalho que chamamos de trabalho assalariado. Contudo,

---

59. Discorri longamente sobre isso na última parte de meu livro *Justice sans limites. Le défi de l'éthique dans une économie mondialisée, op. cit.*

essas relações "econômicas" não são predominantes nem na produção nem na circulação dos "bens e serviços". E, sobretudo, elas não estão articuladas entre si a ponto de "fazer sistema". Não são nem sociedades de mercado, nem sociedades salariais, nem sociedades industriais e menos ainda sociedades capitalistas, mesmo que nelas haja *capital* e *capitalistas*. O imaginário dessas sociedades é tão pouco colonizado pela economia que elas vivem sua economia sem sabê-lo. Portanto, sair do desenvolvimento, da economia e do crescimento não implica renunciar a todas as instituições sociais que a economia anexou, mas implica *reinseri-las* numa outra lógica[60]. O decrescimento pode ser considerado um "ecossocialismo"; sobretudo se por socialismo se entender, com Gorz, "a resposta positiva à desintegração dos laços sociais sob

60. Nesse ponto, concordamos com a análise de Cornelius Castoriadis, para quem: "No marxismo, há a ideia absurda de que o mercado como tal, a mercadoria como tal 'personificam' a alienação; absurda, pois as relações entre os homens, numa sociedade ampla, não podem ser 'pessoais', como numa família. Elas são sempre, e sempre serão, socialmente mediadas. No contexto de uma economia minimamente desenvolvida, essa mediação se chama o *mercado* (a troca)", *Une société à la dérive, op. cit.*, p. 190. E ele continua: "Para mim, é algo evidente: não pode haver uma sociedade complexa sem, por exemplo, meios impessoais de troca. A moeda cumpre essa função e ela é muito importante nesse sentido. Outra coisa é retirar da moeda uma de suas funções nas economias capitalista e pré-capitalista: a de instrumento de acumulação individual de riquezas e de aquisição de meios de produção. Como unidade de valor e meio de troca, porém, a moeda é uma grande invenção, uma grande criação da humanidade" (*ibid.*, p. 198).

efeito das relações mercantis e da concorrência, características do capitalismo"[61].

O decrescimento é de direita ou de esquerda?

O movimento do decrescimento é revolucionário e anticapitalista (e até antiutilitarista), e seu programa, fundamentalmente político. Contudo, será que ele é de direita ou de esquerda? Muitos ecologistas acham, como Thierry Paquot, que, "doravante, a verdadeira dualidade política já não é aquela que distingue a 'direita' da 'esquerda', mas aquela que separa os ativistas respeitosos da *preocupação ecológica* dos predadores"[62]. Com certeza, e poderíamos dizer que o programa que propomos, um programa de bom senso em primeiro lugar, é tão pouco compartilhado à esquerda quanto à direita. Contudo, os ativistas respeitosos da preocupação ecológica que não são "de esquerda" (Nicolas Hulot, Corinne Lepage, Yann Arthus-Bertrand) ficam muitas vezes estranhamente silenciosos a respeito dos predadores...

Existe, é verdade, uma crítica de direita da modernidade, assim como existe um antiutilitarismo de direita e um anticapitalismo de direita (muito minoritário na direita parlamentar). Não há moti-

61. André Gorz, *Capitalisme, socialisme, écologie, op. cit.*, p. 87.
62. Thierry Paquot, *Terre urbaine. Cinq défis pour le devenir urbain de la planète, op. cit.*, 113.

vo para se espantar de que um antitrabalhismo e um antiprodutivismo de direita se nutra dos mesmos argumentos que nós usamos. Cumpre até reconhecer que, apesar do belo livro do genro de Marx, Paul Lafargue, *Le Droit à la paresse*[63] – que ainda é um dos ataques mais fortes contra o trabalhismo e o produtivismo –, apesar de uma tradição anarquista no seio do marxismo, reatualizada pela Escola de Frankfurt, pelo conselhismo e pelo situacionismo, a crítica radical da modernidade foi mais profunda à direita que à esquerda. Conheceu belos desenvolvimentos com Hannah Arendt ou Cornelius Castoriadis, influenciados pelos argumentos dos pensadores contrarrevolucionários como Edmund Burke, Louis de Bonald ou Joseph de Maistre, mas essa crítica permaneceu politicamente marginal. Os maoísmos, trotskismos e outros esquerdismos são tão produtivistas quanto os comunismos ortodoxos.

Não cabe, contudo, confundir o antiprodutivismo de direita e o antiprodutivismo de esquerda. Assim como tampouco o anticapitalismo ou o antiutilitarismo.

Mesmo que os governos de esquerda tenham políticas de direita e, por não ousarem a "descolonização do imaginário", fiquem condenados ao social-liberalismo, os objetores de crescimento, partidários da construção de uma sociedade

---

63. Paris, Mille et une nuits, 1994. [Ed. bras.: *O direito à preguiça*, Rio de Janeiro, Hucitec, 2000.]

de decrescimento convivial, sereno e sustentável sabem diferenciar (por mais tênue que essa diferença seja) entre Jospin e Chirac, Royal e Sarkozy, Schroder e Merkel, Prodi e Berlusconi, e até entre Blair e Thatcher... Quando eles vão votar (o que nós os aconselhamos a fazer), sabem que, mesmo que nenhum programa de governo leve em conta a necessária redução de nossa pegada ecológica, é mais do lado dos valores de partilha, de solidariedade, de igualdade e de fraternidade, do que do valor da liberdade de empreender (e de explorar), que cumpre se orientar. Se, com Hans Jonas, esses valores forem estendidos para as gerações futuras, seremos obrigados a questionar a devastação da natureza, ou mesmo o massacre das outras espécies, e sair de um antropocentrismo estreito. Por isso é que nosso combate se situa decididamente contra a globalização e o liberalismo econômico.

A contrario, "a astúcia da história", escreveu Hervé Kempf, "seria que um poder autoritário se louvasse na necessidade ecológica para tornar aceitável a restrição das liberdades sem ter de tocar na desigualdade. A gestão das epidemias, os acidentes nucleares, os picos de poluição, a 'gestão' dos emigrados da crise climática são vários dos motivos que facilitariam a restrição das liberdades"[64]. Passar-se-ia assim do totalitarismo medíocre da

---

64. Hervé Kempf, *Comment les riches détruisent la planète, op. cit.*, p. 114.

oligarquia plutocrática atual, que ainda conserva uma aparência de democracia formal, a um ecofascismo ou ecototalitarismo robusto, cujo mapa André Gorz nos forneceu: "As bases 'naturais' da vida podem, com efeito, ser produzidas ou reproduzidas industrialmente pelo desenvolvimento de uma ecoindústria e de um ecobusiness que obedeça aos mesmos imperativos de rentabilidade máxima que as outras indústrias de consumo. [...] A reprodução das bases da vida pode ser organizada no âmbito de um eco-tecno-fascismo que substitua artificialmente os ciclos naturais por nichos sintéticos, economicize de certo modo o nível de vida, industrialize a produção da própria vida, inclusive a vida humana, comercialize fetos e órgãos, maximize os desempenhos dos organismos vivos, inclusive os desempenhos humanos, por meio da engenharia genética."[65]

Precisamos de um partido do decrescimento?

Castoriadis dizia que "diante de uma catástrofe ecológica mundial, por exemplo, é fácil imaginar regimes autoritários impondo restrições draconianas a uma população desesperada e apática. [...] E, se não houver um novo movimento, um despertar do projeto democrático, a 'ecologia' pode

---

65. André Gorz, *Capitalisme, socialisme, écologie, op. cit.*, p. 109.

perfeitamente ser integrada a uma ideologia neofascista". Em reação a essa perspectiva assustadora, a aposta no decrescimento supõe que o atrativo da utopia convivial, combinada com o peso das exigências de mudança, possa favorecer uma "descolonização do imaginário" e suscitar suficientes comportamentos "virtuosos" a favor de uma solução racional: a democracia ecológica. Era essa também a análise de Castoriadis: "A inclusão do componente ecológico num projeto político democrático radical é indispensável. E é ainda mais imperativa na medida em que o questionamento dos valores e das orientações da sociedade atual, que tal projeto implica, é indissociável da crítica do imaginário do 'desenvolvimento' em que vivemos."[66]

Será que, por isso, devemos congelar desde já o movimento na forma de um partido do decrescimento? Achamos que não. Institucionalizar prematuramente o programa do decrescimento mediante a existência de um partido político poderia nos fazer cair na armadilha da política politiqueira, aquela que leva os atores políticos a abandonarem as realidades sociais e se encerrarem no jogo político, quando ainda não estão reunidas as condições que permitam pôr em andamento a construção de uma sociedade do decrescimento e quando ainda é duvidoso de que esta possa se inscrever eficazmente no contexto ultrapassado do

---

66. Cornelius Castoriadis, *Une société à la derive, op. cit.*, p. 246.

Estado-nação[67]. No entanto, a sedução da política politiqueira parece aumentar com sua impotência derrisória, e os candidatos se empurram uns aos outros para capitalizar o mais rápido possível o sucesso (muito relativo) desta ou daquela reivindicação legítima. Consideramos, ao contrário, mais importante influir no debate, modificar as posições de uns e outros, fazer que certos argumentos sejam considerados, contribuir para fazer evoluir assim as mentalidades. São essas, nos dias atuais, nossa missão e nossa ambição.

---

67. Ver nosso artigo "Pour une renaissance du local", *L'Écologiste*, n.º 15, abril-maio de 2005, e Takis Fotopoulos, *Vers une démocratie générale. Une démocratie directe, économique, écologique et sociale*, Paris, Le Seuil, 2001.

Conclusão

O decrescimento é um humanismo?

"Será que os homens enlouqueceram? Acho que sim, e cada vez mais. Tudo isso só pode, só poderá nos conduzir a nossa perdição. A menos que..."

Dominique Belpomme[1]

Os partidários do decrescimento são suspeitos, como todos os ecologistas, de rejeitar o antropocentrismo da tradição das Luzes em prol de um ecocentrismo absoluto e de aderir, portanto, a uma forma de ecologia profunda que defenderia posições "antiespecistas"; em outras palavras, suspeitam que eles preferem a sobrevivência das baratas à dos homens. Aqueles que a isso acrescentam uma dimensão espiritual ou até religiosa são imediatamente acusados de *ecolatria*. Seguem-se a acusação de pregar um retorno a um comunitarismo local fechado e depois as invectivas: retrógrados, obscurantistas, reacionários[2].

---

1. Dominique Belpomme, *Avant qu'il ne soit trop tard*, op. cit., p. 56.
2. Ver, por exemplo, Jean Jacob, *L'Antimondialisation. Aspects méconnus d'une nébuleuse*, Paris, Berg International, 2006.

Por não se identificar com uma concepção superficial da ecologia, o decrescimento estaria portanto situado mais do lado da ecologia "profunda". Esta, contudo, tal como a popularizou Arne Naess, talvez tenda um pouco demais para o ecocentrismo, ao passo que muitos "decrescentes" reivindicam o humanismo. Em torno desse ponto reina uma confusão bastante grande, que a tendência a raciocinar de maneira maniqueísta não ajuda a deslindar[3]. Será realmente necessário optar entre ecocentrismo e antropocentrismo, entre humanismo e antiespecismo, entre relativismo absoluto e universalismo dogmático, entre modernidade e tradição? Como escapar desses velhos debates interconectados, recorrentes e, finalmente, insolúveis? Recusar o humanismo de George W. Bush, o antropocentrismo de um Descartes, de um Bacon ou de um Teilhard de Chardin, o universalismo racista[4]

---

3. No seu artigo do jornal *Le Monde* de 24 de abril de 1999, "Le retour de la révolution nihiliste", Alexandre Adler nos fornece uma ilustração caricatural disso, opondo, de um lado, "as forças universais, tais como o comércio, a técnica, o direito, a democracia, a emancipação das mulheres" e, do outro, "um verdadeiro programa comum antiglobalização, anti-humanista, antiliberal [...] efervescendo nas retortas do novo pensamento populista autoritário em escala planetária".

4. "O racismo e o antissemitismo explícito de Kant, e da maioria de seus irmãos espirituais na Europa ocidental, têm sua origem no campo da imanência lógica própria do sujeito das Luzes", Robert Kurz, *Critique de la démocratie balistique*, Paris, Mille et une nuits, 2006, pp. 36-7. Sobre Teilhard de Chardin, ver Fabrice Flipo, *Justice, nature et liberté. Les enjeux de la crise écologique*, Lyon, Parangon, 2007, p. 201.

de Kant, implica necessariamente recusar a especificidade do homem, desconhecer sua dignidade e encerrar-se em guetos culturais?

Em primeiro lugar, talvez seja preciso chegar a um acordo sobre o que é o humanismo, que, na base, é uma crença de que, sob o conceito de "ser humano", uma realidade essencial/substancial transcenderia a mera existência da espécie. Ou seja, de que a humanidade do homem existiria independentemente dos homens concretos (presentes, passados e futuros), como "abstração" e não como "denominador comum". Sua essência adviria de algo que o tornaria radicalmente diferente das outras espécies, que alguns chamam de alma, outros, de razão. Essa transcendência não seria apenas imanente à generalidade dos humanos, mas estaria inscrita numa eternidade conceitual problemática. Por isso, os homens, seres superiores, possuiriam direitos (naturais) sobre as outras espécies e sobre a natureza: os direitos do homem ou direitos humanos. Daí a importância, no século XVI, da controvérsia de Valladolid sobre a alma dos índios (e esses mesmos índios punham prisioneiros brancos para apodrecer na água a fim de verificar se eram realmente entidades extraterrestres: deuses, ancestrais, demônios...). "O humanismo", escreve Djémil Kessous, "que coloca o homem no centro do universo, pode ser definido como um particularismo *antropocentrista*."[5]

5. Djémil Kessous, *La Révolution moderne*, ed. do autor, 2006, p. 54.

Que as coisas sejam exatamente assim é indubitável para os ocidentais (e portanto também para mim, enquanto ocidental). Por isso é que resistimos e devemos resistir a qualquer forma de racismo e de discriminação (cor da pele, sexo, religião, etnia...), que infelizmente prolifera no Ocidente, ainda nos tempos atuais. Basta pensarmos em Guantánamo, em Abou Graib, nas leis Sarkozy, no muro na fronteira dos Estados Unidos com o México. Ao legalizar a tortura, a legislação americana atinge um cúmulo de hipocrisia dos mais repugnantes por parte de humanistas cristãos que se apresentam como defensores da democracia e dos direitos humanos. O problema é que, para muitas culturas, a grande divisão entre natureza e cultura simplesmente não existe. Assim, para os asmat de Papua Nova Guiné, alguns "animais" fazem incontestavelmente parte da família "humana", mas os membros da tribo vizinha entram na categoria dos produtos comestíveis! Que eles estejam errados é algo de que estou intimamente convencido. O problema é que não posso demonstrar isso a eles senão de dentro de minha própria cultura (o mesmo acontece com eles, se é que lhes importa me "converter" à *weltanschaung* asmat). Será que isso me dá o direito de impor minhas convicções à força?

Se, a meu ver, o decrescimento entendido como filosofia fundadora de um projeto de sociedade autônoma provavelmente não seja um humanismo, é porque se baseia numa crítica do desenvolvimento, do crescimento, do progresso, da técnica e, finalmente, da modernidade, e porque implica uma ruptura com o ocidentalocentrismo. Não é por acaso que a maioria dos inspiradores do decrescimento (Illich, Ellul, mas também Claude Lévi-Strauss, Robert Jaulin, Marshall Sahlins e muitos outros) denunciaram o humanismo ocidental.

O triunfo do imaginário da globalização, forma paroxística da modernidade, possibilitou e possibilita uma extraordinária empreitada de deslegitimação do discurso relativista, até do mais moderado. Com os direitos do homem, a democracia e, claro, a economia (graças ao mercado), as invariantes transculturais tomaram conta da cena e já não são questionáveis. Estamos assistindo a um retorno maciço do etnocentrismo ocidental, que tem na arrogância da apoteose do tudo-mercado uma nova forma. Os próprios antropólogos, relativistas por vocação, como dizia Lévi-Strauss, cederam[6].

Sob o nome de "comunitarismo", escreve Annamaria Rivera, a estigmatização mais recente do relativismo "serve para encobrir, em particular depois do 11 de Setembro, uma vocação hegemônica, pondo em questão laboriosas tentativas anteriores de dar continuidade a políticas de tradução e de reconhecimento recíproco entre as coletivi-

---

6. Ver, por exemplo, o ataque de Françoise Héritier contra o relativismo cultural, "La femme comme question politique", no jornal *Le Soir* de Bruxelas, 2 de maio de 2007.

dades e as culturas diferentes"[7]. Esse "furor universalista" (segundo a expressão de Claudio Marta[8]) é fartamente ilustrado pelos recentes testemunhos de ideólogos e de políticos, incluindo o próprio papa[9].

Com efeito, desde agosto de 2000, com a declaração *Dominus Iesus*, um grupo de teólogos sob o cajado do futuro Bento XVI, então cardeal Ratzinger, passou a atacar a ideologia do diálogo inter-religioso, expressão do "dogma relativista". O texto convoca a Igreja Católica para uma nova missão evangelizadora ante as outras tradições religiosas: "A plenitude da verdade encontra-se apenas no seio da Igreja."[10] Essa posição dogmática destrói o esforço de inculturação iniciado pelo Vaticano II e o admirável trabalho do teólogo indiano-catalão Raimon Panikkar, que dedicou toda a vida a promover o diálogo inter-religioso como matriz da interculturalidade.

Esse furor universalista é denunciado com razão por Franco Cardini: "Estamos diante da construção sistemática de um novo totalitarismo que

7. Annamaria Rivera, *La guerra dei simboli. Veli postcoloniali e retoriche sull'alterità*, Bari, Edizioni Dedalo, 2005, p. 60.
8. Claudio Marta, *Relazioni interetniche. Prospettive antropologiche*, Nápoles, Guida, 2005.
9. Por exemplo, o jornalista italiano Angelo Panebianco escreveu de modo sintomático depois dos atentados do World Trade Center: "Se a guerra ao terrorismo durar anos, será preciso se equipar para neutralizar [...] o principal aliado de Bin Laden e consortes no Ocidente, sua mais preciosa 'quinta coluna': o relativismo cultural", in Annamaria Rivera, *op. cit.*, p. 66.
10. *Ibid.*, p. 67.

diaboliza, tachando de 'relativista', qualquer forma de vida e de pensamento diferente daquele imposto pelo paradigma dominante e que aspira ao monopólio da procura do bem sobre esta terra, expulsando como 'bárbara' ou 'tirânica' qualquer outra forma de pensamento ou de visão religiosa, civil e social."[11] Assim, para a iraniana Maryam Namzie, o relativismo é "o fascismo de nossa época", já que ele "legitima e alimenta a barbárie". "Ele afirma que os direitos das pessoas dependem de sua nacionalidade, de sua religião e de sua cultura. [...] Os partidários do relativismo cultural afirmam que devemos respeitar a cultura e a religião, mesmo quando elas são desprezíveis. [...] Os partidários do relativismo cultural não hesitam em dizer que os direitos universais do homem são um conceito ocidental [...]. Eles são os defensores do holocausto de nossa época."[12]

Diante desse delírio universalista etnocêntrico, não deixa de ser importante lembrar a recomendação que, em 1947, Melville J. Herskovits, um dos maiores antropólogos americanos e membro do conselho diretor da Associação Americana de Antropologia, fez à comissão das Nações Unidas encarregada de elaborar a declaração universal

---

11. "Il pensiero vuoto dei 'neocons' italiani", *L'Unità*, 25 de agosto de 2005, citado em Annamaria Rivera, *op. cit.*, p. 69.

12. Na mesma via, Wassyla Tamzali exorta com veemência a "torcer o pescoço do relativismo cultural que estranhamente floresce até nas fileiras da esquerda intelectual", citado por Annamaria Rivera, *op. cit.*, p. 90.

dos direitos do homem[13]. Nesse texto, o antropólogo fazia uma crítica preventiva do universalismo (da ideologia universalista, não da ideia de universalidade): "Toda tentativa de formular postulados oriundos das convicções ou do código moral de uma única cultura reduz a possibilidade de aplicar à humanidade como um todo qualquer declaração dos direitos homem que seja."[14] Naquela época, o temor justificado de que se pudesse relativizar também a "cultura nazista" levou a rejeitar a advertência de Herskovits e seu pedido para articular universalidade e pluralidade. Hoje, o islamismo ocupou o lugar de figura assustadora e serve para justificar a mesma recusa de contextualizar os direitos humanos com a uso instrumental das justas reivindicações das mulheres submetidas à charia.

Em suma, não seria o caso de pensar em substituir o sonho universalista, já meio murcho devido a seus desvios totalitários ou terroristas e do qual faz parte o imperialismo do crescimento, pelo necessário reconhecimento da "diversalidade" (segundo o neologismo do escritor crioulo Raphaël Confiant), ou por um "pluriversalismo" necessariamente relativo, ou seja, por uma verdadeira "democracia das culturas"? Por isso é que o projeto

---

13. Parece ter sido o General de Gaulle quem insistiu junto a René Cassin, o jurista francês pai da declaração, para substituir o termo "internacional", primeiramente escolhido, pelo termo "universal".

14. Citado por Annamaria Rivera, *op. cit.*, p. 90.

do decrescimento não é um modelo que já vem pronto, mas uma fonte de diversidade.

Isso posto, sejamos claros. Essa concepção do decrescimento não é de modo nenhum um anti-humanismo ou um antiuniversalismo. Entre tratar os animais e as coisas como pessoas (o que o animismo faria) e tratar as pessoas como coisas à maneira da tecnoeconomia moderna, há espaço para o respeito das coisas, dos seres e das pessoas. Talvez devêssemos falar de um a-humanismo, como eu falo de a-crescimento. Isso absolutamente não implica rejeitar qualquer axiologia, muito pelo contrário[15]. O primeiro "erre" do círculo virtuoso da construção do decrescimento intitula-se, não sem razão, "reavaliar". Os valores necessários (altruísmo, convivialidade, respeito da natureza etc.) também são aqueles que podem nos ajudar a abrir um diálogo com outras culturas sem as canibalizar como o universalismo arrogante de uma potência dominante, porque aceitamos reconhecer a relatividade de nossas crenças. Como ocidental, estou disposto a defender com unhas e dentes um monte de valores "humanistas". Mas não faço disso um absoluto, e não me sinto no direito de impedir um hindu de considerar um crime a morte de uma vaca, o que não me impedirá de saborear um bom bife.

A crítica da modernidade, por sua vez, não implica sua rejeição pura e simples, mas sim sua su-

15. Como parece pensar o amigo Michel Dias. Ver seu artigo "Un idéalisme politique", *Entropia*, n.º 1.

peração. É em nome mesmo do projeto iluminista de emancipação e da construção de uma sociedade autônoma que podemos denunciar sua falência na heteronomia hoje triunfante da ditadura dos mercados financeiros.

Entre o antropocentrismo cego ou dogmático da modernidade ocidental e a sacralização animista da natureza, há sem dúvida espaço para um ecoantropocentrismo[16]. É a própria sobrevivência da humanidade, portanto, um humanismo bem entendido, por assim dizer, que nos condena a reintroduzir a preocupação ecológica no âmago da preocupação social, política, cultural e espiritual da vida humana. Reconhecer que a natureza (os animais, as plantas e o resto) tem direitos, militar a favor de uma "ecojustiça" e de uma "ecomoralidade" não implica necessariamente cair na ecolatria dos novos cultos ecológicos, nem recorrer às grandes sacerdotisas ecofeministas dos cultos neopagãos sincréticos e *new age* que florescem aqui e acolá para povoar o vazio da alma de nossas sociedades à deriva. Convém registrar que, diferentemente de outras tradições religiosas, como o budismo, a tradição cristã não favoreceu no Ocidente uma relação harmoniosa entre o homem e seu meio ambiente vivo e não vivo. O marxismo se inscreveu nessa tradição, o que faz Hans Jonas dizer: "Para Marx, a humanização da natureza é um

---

16. Ver Vittorio Lanternari, *Ecoantropologia. Dall'ingerenza ecologica alla svolta etico-culturale*, Bari, Edizioni Dedalo, 2003.

eufemismo hipócrita para designar a submissão total dessa mesma natureza pelo homem tendo em vista uma exploração total para satisfazer suas próprias necessidades."[17]

Nós afirmamos que a realização de uma sociedade do decrescimento passa necessariamente por um reencantamento do mundo[18]. Ainda é preciso chegar a um acordo sobre o que isso significa. O desencantamento do mundo moderno é ao mesmo tempo mais simples e mais profundo do que dá a entender a análise de Max Weber. Decorre menos do triunfo da ciência e do desaparecimento dos deuses do que da fantástica banalização das coisas produzida pelo sistema termoindustrial. Nesse sentido, ele é realmente um desencantamento e não só uma "desmitologização"[19]. Utilizar maciçamente uma energia fóssil fornecida gratuitamente pela natureza desvaloriza o trabalho humano e autoriza uma predação ilimitada das "riquezas" naturais. Disso resulta uma superabundância

---

17. Citado por Vittorio Lanternari, *Ecoantropologia. Dall'ingerenza ecologica alla svolta etico-culturale*, Bari, Edizioni Dedalo, 2003, p. 330.

18. Ver a conclusão do meu livro *Le Pari de la décroissance, op. cit.*, 2006.

19. É sabido que o sucesso da fórmula de Weber deve-se em grande medida a uma equivocação. A *Entzauberung* de que ele fala é simplesmente a substituição na modernidade da explicação mágica pela da ciência, um pouco como acontece em Auguste Comte. As consequências disso não são apenas positivas, mas o são em grande medida. A ciência pode perfeitamente encantar um mundo sem superstição. A banalização das "maravilhas", ao contrário, não tem remédio.

artificial desenfreada, que destrói qualquer capacidade de maravilhamento diante dos dons do "criador" e das capacidades artesanais da habilidade humana. O exemplo da tentativa de implantação da comercialização do caribu numa comunidade de inuítes é revelador[20]. "Sabe", responde o prefeito da aldeia ao enviado do governo, "temos uma longa história com os caribus e nos perguntamos se podemos fazer isso com eles." É que, "para fazer o caribu entrar no circuito mercantil espacializado, é preciso retirá-lo de sua rede temporal, da história de sua relação com os inuítes; é preciso transformá-lo em objeto, cortá-lo em pedaços e vendê-lo, exatamente como foi feito com o ato moderno de produção". A essa banalização mercantil é que se opõe o artista, que tem um papel insubstituível na construção de uma sociedade serena de decrescimento. "O artista lembra o indivíduo moderno de que, faça ele o que fizer, estará condenado a uma forma qualquer de animismo se quiser que as coisas tenham algum sentido [...]. O artista talvez seja testemunho do fato de que o animismo é a única filosofia que respeita as coisas e o meio ambiente, uma filosofia adaptada ao espírito do dom que circula nas coisas, de que

---

20. Jacques Godbout, "Les conditions sociales de la création en art et en sciences" in *Revue du MAUSS*, n°. 24; *Une théorie sociologique générale est-elle pensable?*, La Découverte, 2°. semestre de 2004, p. 420. Retomado em *Ce qui circule entre nous. Donner, recevoir, rendre*, Paris, Le Seuil, 2007, p. 72.

a modernidade nos afastou."²¹ Animista ou não, para uma sociedade do decrescimento, assim como para Oscar Wilde, "a arte é inútil e portanto essencial"!

---

21. *Ibid.*

BIBLIOGRAFIA

Obras/Fontes principais

AIME, Marco. *Gli specchi di Gulliver. In difesa del relativismo*, Turim, Bollati, 2006.
ARIÈS, Paul. *Décroissance ou barbarie*, Lyon, Golias, 2005.
ATTAC. *Pauvreté et inégalités, ces créatures du néolibéralisme*, Paris, Mille et une nuits, 2006.
ATTALI, Jacques e CHAMPAIN, Vincent. "Activité, emploi et recherche d'emploi: changer de paradigme pour supprimer le chômage", Fondation Jean-Jaures, n.º 15, novembro de 2005.
AUBERTIN, Catherine e VIVIEN, Franck-Dominique (orgs.). *Le Développement durable. Enjeux politiques, économiques et sociaux*, Paris, La Documentation française, 2006.
AUBIN, Jean. *Croissance: l'impossible nécessaire*. Le Theil, Planète bleue, 2003.

BAILY, Emmanuel. "Le concept de l'Écorégion ou comment restaurer le système immunitaire des régions", Boletim *Ligne d'horizon*, n? 36, agosto-setembro de 2006.

BARRAS, Beatrice. *Moutons rebelles: Ardelaine, la fibre du développement local*, Saint-Pierreville, Repas, 2002.

BAUDRILLARD, Jean. "Nique ta mère!", crônica do jornal *Libération*, 18 de novembro de 2005 (reeditado em 7 de março de 2007).

BAUMAN, Zygmunt. *Le Coût humain de la mondialisation*, Paris, Hachette Litteratures, 1999. [Ed. bras.: *Globalização*, Rio de Janeiro, Jorge Zahar, 1999.]

____. *Lavoro, consumismo e nuova povertà*, Troina, Edizioni Città Aperta, 2004.

BELPOMME, Dominique. *Avant qu'il ne soit trop tard*, Paris, Fayard, 2007.

____. *Ces maladies créées par l'homme*, Paris, Albin Michel, 2004.

BENOIST, Alain de. *Comunità e Decrescita. Critica della Ragion e Mercantile*, Casalecchio, Arianna Editrice, 2006.

BERLINGUER, Enrico. *Austerità. Occasione per trasformare l'Italia (Le conclusioni al convegno degli intellettuali (Roma, 15-1-77) e all' assemblea degli operai comunisti (Milano, 30- 1- 77))*, Roma, Editori Riuniti, 1977.

BERTHOUD, Arnauld. *Une philosophie de la consommation. Agent économique et sujet moral*, Villeneuve d'Ascq, Presses universitaires du Septentrion, 2005.

BESSET, Jean-Paul. *Comment ne plus être progressiste... sans devenir reactionnaire*, Paris, Fayard, 2005.

BESSON-GIRARD, Jean-Claude. *Decrescendo cantabile. Petit manuel pour une décroissance harmonique*, Lyon, Parangon, 2005.

BEVILACQUA PIERO. *La terra è finita. Breve storia dell'ambiente*, Bari, Laterza, 2006.

BLANC, Jérôme (org.). *Exclusion et liens financiers, Monnaies sociales, Rapport 2005-2006*, Economica, 2006.

BOLOGNA, Gianfranco (org.). *Italia capace di futuro*, Bolonha, WWF-EMI, 2001.

BONAIUTI, Mauro. *La teoria bioeconomica. La "nuova economia" di Nicholas Georgescu-Roegen*, Roma, Carocci, 2001.

____. *Nicholas Georgescu-Roegen. Bioeconomia. Verso um'altra economia ecologicamente e socialmente sostenible*, Turim, Bollati Boringhieri, 2003.

BONESIO, Luisa. In "Paysages et sens du lieu", *Éléments*, n.º 100, março de 2001, "Une réponse à la mondialisation: le localisme".

BONORA, Paola. "Sistemi locali territoriali, transcalarità e nuove regole della democrazia dal basso", in Anna MARSON (org.), *Il progetto di territorio nella città metropolitana*, Florença, Alinea, 2006.

BOOKCHIN, Murray. *Pour un municipalisme libertaire*, Lyon, Atelier de création libertaire, 2003. [Ed. bras.: *Municipalismo libertário*, São Paulo, Imaginário, 1999.]

____. *L'écologia della libertà*. Milão, Elèuthera, 1988.

____. *Per una società ecologica*, Milão, Elèuthera, 1989.

____. *Democrazia diretta*, Milão, Elèuthera, 1993.

BROWN, Lester R. *Blueprint for a Better Planet*, Hendersonville, Mother Earth News, 2004.

____. *Éco-économie, une autre croissance est possible, écologique et durable*, Paris, Le Seuil, 2003.

____. "Plan B: Come affrontare la crisi alimentare incipiente", in Andrea MASULLO (org.), *Economia e Ambiente. La sfida del terzo millennio*, Bolonha, EMI, 2005.

BRUNE, François. *De l'idéologie aujourd'hui*, Lyon, Parangon, 2004.

____. "La Frugalité heureuse: une utopie?", *Entropia*, nº 1.

BRUNI, Luigino. "L'economia e i paradossi della felicità", in Pier Luigi SACCO e Stefano ZAMAGNi (orgs.), *Complessita'relazionale e comportamento economico*, Bolonha, Il Mulino, 2002.

CACCIARI, Paolo. *Pensare la decrescita. Sostenibilità ed equità*, Roma/Nápoles: Carta Intra Moenia, col. Cantieri 2006.

CAILLÉ, Alain. *Dé-penser l'économique. Contre le fatalisme*, Paris, La Découverte/MAUSS, col. Recherches, 2005.

CANFIN, Pascal. *L'Économie verte expliquée à ceux qui n'y croient pas*, Paris, Les Petits Matins, 2006.

CASTORIADIS, Cornelius. "L'Écologie contre les marchands", in *Une société à la dérive*, Paris, Le Seuil, 2005. [Ed. bras.: *Uma sociedade à deriva*, São Paulo, Idéias & Letras, 2006.]

____. *La Montée de l'insignifiance, Les carrefours du labyrinthe IV*, Paris, Le Seuil, 1996. [Ed. bras.: *As encruzilhadas do labirinto*, vol. IV, São Paulo, Paz e Terra, 2002.]

CHANIAL, Philippe. "Une fois commune: démocratie, don et éducation chez John Dewey", in *Revue du MAUSS*, nº 28, La Découverte, segundo semestre de 2006.

CHARBONNEAU, Bernard. *Une seconde nature*, Pau, B. Charbonneau, 1981.

CHARBONNEAU, Simon. "Résister à la croissance des grandes infrastructures de transport", documento de trabalho.

____. *Droit communautaire de l'environnement*, edição revista e ampliada, Paris, L'Harmattan, 2006.

CHEYNET, Vincent e Denis. "La décroissance pour l'emploi", *La Décroissance*, n.º 3, julho de 2004.

CICOLELLA, André e BENOIT-BROWAEYS, Dorothée. *Alertes santé*, Paris, Fayard, 2005.

CLÉMENT, Gilles e JONES Louisa. *Une écologie humaniste*, Paris, Aubanel, 2006.

CLERC, Denis. "Peut-on faire l'économie de l'environnement?", *Cosmopolitiques*, n.º 13, Apogée, 2006.

COCHET, Yves e SINAI, Agnès. *Sauver la terre*, Paris, Fayard, 2003.

COCHET, Yves. *Pétrole apocalypse*, Paris, Fayard, 2005.

DAHL, Robert A. *I dilemmi della democrazia pluralista*, Milão, Il Saggiatore, 1988.

DECROE, Geneviève. "Redonner ses chances à l'utopie", *Utopia*, n.º 1.

Development Dictionary (The), Londres, Zed Books, 1992. [Ed. bras.: Sachs, Wolfgang (editor), *Dicionário do desenvolvimento – guia para o conhecimento como poder*, Petrópolis, Vozes, 2000.]

DIAS, Michel. "Un idéalisme politique", *Entropia*, n.º 1.

DUCLOS, Denis. "La cosmocratie, nouvelle classe planetaire", *Le Monde diplomatique*, agosto de 1997.

DUMOUCHEL, Paul e DUPUY, Jean-Pierre. *L'Enfer des choses*, Paris, Le Seuil, 1979.

DUPUY, Jean-Pierre. *Pour un catastrophisme éclairé. Quand l'impossible est certain*, Paris, Le Seuil, 2002.

DUPUY, Jean-Pierre e ROBERT, Jean. *La Trahison de l'opulence*, Paris, PUF, 1976.

DUVAL, Guillaume. "L'impasse de la décroissance", *Cosmopolitiques*, n.º 13, Apogée, 2006.

ELLUL, Jacques. *Les Successeurs de Marx*. Paris, La Table Ronde, 2007.

____. *Métamorphose du bourgeois*, Paris, La Table Ronde, 1998.

ESTEVA, Gustavo. *Celebration of Zapatismo, Multiversity and Citizens International*, Penang, Citizens International, 2004.

ESTEVA, Gustavo e PRAKASH, M. S. *Grassroots Postmodernism: Remaking the Soil of Cultures*, Londres, Zed Books, 1998.

FLAHAUT, François. *Le Paradoxe de Robinson. Capitalisme et société*, Paris, Mille et une nuits, 2005.

FLIPO, Fabrice. "Pour l'altermondialisme. Une réponse à Isaac Johsua", documento internet.

FOTOPOULOS, Takis. *Vers une démocratie générale. Une démocratie directe, économique, écologique et sociale*, Paris, Le Seuil, 2001.

GEORGESCU-ROEGEN, Nicholas. *La Décroissance: entropie, écologie, économie*, apresentação e tradução francesa de Jacques Grinevald e Ivo Rens, Paris, Sang de la Terre, 1994.

GESUALDI, Francesco. *Sobrietà. Dallo spreco di pochi ai diritti per tutti*, Milão, Feltrinelli, 2005.

GEVAERT, Pierre. *Alerte aux vivants et à ceux qui veulent le rester*, Paris, Sang de la Terre/Ellebore, 2006.

GODBOUT, Jacques. "Les conditions sociales de la création en art et en sciences", in *Revue du MAUSS*, n.º 24, "Une théorie sociologique générale est-elle pensable?", La Découverte, 2004.

GORZ, André. *Capitalisme, socialisme, écologie. Désorientations, orientations*, Paris, Galilée, 1991.

____. *Metamorphoses du travail. Quête de sens. Critique de la raison économique*, Galilée, Paris, 1988. [Ed. bras.: *Metamorfoses do trabalho*, São Paulo, Annablume, 2003.]

____. *Écologie et liberté*, Paris, Galilée, 1977.

GRANSTEDT, Ingmar. *Peut-on sortir de la folle concurrence? Petit manifeste à l'intention de ceux qui en ont assez*, Paris, La Ligne d'horizon, 2006.

GRAS, Alain. *Fragilité de la puissance*, Paris, Fayard, 2003.

____. "Internet demande de la sueur", *La Décroissance*, n.º 35, dezembro de 2006.

GRINEVALD, Jacques. "Histoire d'un mot. Sur l'origine de l'emploi du mot décroissance", *Entropia*, n.º 1.

GUIBERT, Bernard e LATOUCHE, Serge (orgs.). *Antiproductivisme, altermondialisme, décroissance*, Lyon, Parangon, 2006.

HARRIBEY, Jean-Marie. "Développement durable: le grand écart", *L'Humanité*, 15 de junho de 2004.

HÉRITIER, Françoise. "La femme comme question politique", *Le Soir*, Bruxelas, 2 de maio de 2007.

HOOGENDIJK, Willem. *The Economic Revolution. Towards a Sustainable Future by Freeing the Economy from Money-Making*, Utrecht, International Books, 1991.

____. *Let'Stop Tsunamis*, Utrecht, Earth Foundation, 2005.

____. "Let's Regionalise the Economy – and Cure Ourselves of a Host of Ills!", nota de abril de 2003.

HULOT, Nicolas (Fundação). *Press-release* de *Pour un pacte écologique*.

____. *Pour un pacte écologique*, Paris, Calmann-Levy, 2006.

ILLICH, Ivan. "L'enseignement: une vaine entreprise", in *OEuvres complètes*, vol. 1, Paris, Fayard, 2004.

____. "Une société sans école" [Ed. bras.: *Sociedade sem escola*, Petrópolis, Vozes, 1977]; "Némésis médicale" [Ed. bras.: *A expropriação da saúde. Nêmesis da medicina*, Rio de Janeiro, Nova Fronteira, 1975.]; "Énergie et équite" [Ed. bras.: *Energia e equidade*, in LUDD, Ned. (org.) *Apocalipse motorizado*, São Paulo, Conrad, 2004.], in *OEuvres complètes*, vol. 1, Paris, Fayard, 2004.

____. "Des choix hors économie: pour une histoire du déchet"; "Le genre vernaculaire"; "Disvaleur", in *OEuvres complètes*, vol. 2, Paris, Fayard, 2005.

____. "L'origine chrétienne des services", in *La Perte des sens*, Paris, Fayard, 2004.

____. *La Convivialité*, Paris, Le Seuil, 1973.

JACOB, Jean. *L'Antimondialisation. Aspects méconnus d'une nébuleuse*, Paris, Berg International, 2006.

JACQUART, Albert. *L'Équation du Nenuphar*, Paris, Calmann-Levy, 1998.

JACQUIAU, Christian. *Les Coulisses du commerce équitable*, Paris, Mille et une nuits, 2006.

JOUVENEL, Bertrand de. *Arcadie, Essai sur le mieux vivre*, Paris, Sedeis, 1968; reed. Paris, Gallimard, 2002.

KEMPF, Hervé. *Comment les riches détruisent la planète*, Paris, Le Seuil, 2007.

KESSOUS, Djémil. *La Révolution moderne*, Éditions de l'auteur, 2006.

KURZ, Robert. *Critique de la démocratie balistique*, Paris, Mille et une nuits, 2006.

LANGLOIS, Bernard. Coluna "Bloc-notes" *Politis*, 14 de dezembro de 2006.

LANTERNARI, Vittorio. *Ecoantropologia. Dall'ingerenza ecologica alla svolta etico-culturale*, Bari, Edizioni Dedalo, 2003.

LATOUCHE, Serge. "En finir une fois pour toute avec le développement", *Le Monde diplomatique*, maio de 2001.

____. *L'Autre Afrique. Entre don et marché*, Paris, Albin Michel, 1998.

____. *Survivre au développement*, Paris, Mille et une nuits, 2004.

____. *Justice sans limites. Le défi de l'éthique dans une économie mondialisée*, Paris, Fayard, 2003.

____. *L'Invention de l'économie*, Paris, Albin Michel, 2005.

____. *Le Pari de la décroissance*, Paris, Fayard, 2006.

LECLAIR, Bertrand. *L'Industrie de la consolation. La littérature face au cerveau global*, Paris, Verticales, 1998.

LEFEBVRE, Henri. *La Vie quotidienne dans le monde moderne*, Paris, Gallimard, 1968. [Ed. bras.: *A vida cotidiana no mundo moderno*, São Paulo, Ática, 1991.]

LIETAER, Bernard. "Des monnaies pour les communautés et les régions biogéographiques: un outil décisif pour la redynamisation régionale au XXIe siècle", in Jérôme BLANC (org.), *Exclusion et liens financiers. Monnaies sociales, Rapport 2005-2006*, Paris, Economica, 2006.

LIGNE D'HORIZON (coletivo). *Défaire le développement, refaire le monde*, Atas do colóquio na Unesco, Lyon, Parangon, 2002.

LIPOVETSKY, Gilles. *Le Bonheur Paradoxal, essai sur la société d'hyperconsommation*, Paris, Gallimard, 2006. [Ed. bras.: *A felicidade paradoxal*, São Paulo, Companhia das Letras, 2007.]

LULEK, Michel. *Scions... travaillait autrement? Ambiance bois, l'aventure d'un collectif autogéré*, Saint-Pierreville, Repas, 2003.

MAGNAGHI, Alberto. *Le Projet local*, Sprimont, Mardaga, 2003.

MARSON, Anna (org.). *Il progetto di territorio nella città metropolitana*, Florença, Alinea, 2006; ver, em particular, seu artigo "Dalla città metropolitana alla (bio) regione urbana".

MANSHOLT, Sicco. *La Crise*, Paris, Stock, 1974.

MARIS, Bernard. *Antimanuel d'économie*, vol. 2: *Les Cigales*, Paris, Bréal, 2006.

MARTA, Claudio. *Relazioni interetniche. Prospettive antropologiche*, Nápoles, Guida, 2005.

MARTIN, Hervé-René. *Éloge de la simplicité volontaire*, Paris, Flammarion, 2007.

MARTIN, Douglas. "Murray Bookchin, 85, Writer, Activist and Ecology Theorist, Dies", *New York Times*, 7 de agosto de 2006.

MARTINEZ ALIER, Joan. "Che cos'è l'economia ecologica", in Andrea MASULLO, *Dal mito della crescita al nuovo umanesimo. Verso un nuovo modello di sviluppo sostenibile*, Grottaminarda, Delta 3, 2004.

MARTINEZ ALIER, Joan e NAREDO J. M. "A Marxist Precursor to Energy Economics: Podolinsky", *Journal of Peasant Studies*, n.º 9, 1982.

MASULLO, Andrea. *Dal mito della crescita al nuovo umanesimo. Verso um nuovo modello di sviluppo sostenibile*, Grottaminarda, Delta 3, 2004.

____. *Il pianeta di tutti. Vivere nei limiti percè la terra abbia un futuro*, Bolonha, EMI, 1998.

MEADOWS, Donella H.; RANDERS, Jorgen; BEHRENS, W. *The Limits to Growth. A Report for The Club of Roma's Project on the Predicament of Mankind*, Nova York, Universe Books, 1972; trad. francesa, *Halte à la croissance?: Enquête sur le Club de Rome*, Paris, Fayard, 1972.

____. *Beyond the Limits to Growth, an Update*, Boston, Chelsea Green, 1992, e *Limits to Growth: the 30 year Update*, mesmo editor, 2004. [Ed. bras.: *Os limites do crescimento, a atualização de 30 anos*, São Paulo, Qualitymark, 2007.]

MÉDA, Dominique. *Le Travail, une valeur en voie de disparition*, Paris, Alto/Aubier, 1995.

____. "Notes pour en finir vraiment avec la fin du travail", in *Revue du MAUSS*, n.º 18, 2.º semestre de 2001.

MILL, John Stuart. *Principes d'économie politique (1848), Stuart Mill*, Paris, Dalloz, 1953.

MONESTIER, Jean. In "Decroissance et travail", *Entropia*, n.º 2, "'Comment sortir de l'industrialisme?" e "La grande illusion des aéroports régionaux", *Fil du*

Conflent, n.º 14, Prades, Atelier de la Chouette, abril-maio 2007.
MOTHÉ, Daniel. *L'Utopie du temps libre*, Paris, Esprit, 1977, (neste livro, segundo a edição italiana, *L'utopia del tempo libero*, Turim, Bollati Boringhieri, 1998).
MÜHLSTEIN, Philippe. "Les ravages du mouvement perpétuel", *Le Monde diplomatique*, janeiro de 2005.
NAPOLEONI, Claudio. *Cercare ancora. Lettera sulla laicità et ultimi scritti*, Roma, Editori Riuniti, 1990.
NARBONI, Camilla. *Sull'incuria della cosa: considerazioni filosofiche sui rifiuti e sul mondo saccheggiato*, Pávia, Universidade de Pávia, 2006.
NICOLINO, Fabrice e VEILERETTE, François, *Pesticides. Révélations sur un scandale français*, Paris, Fayard, 2007.
PALLANTE, Maurizio. *La decrescita felice. La quantità della vita non dipende dal PIL*, Roma, Editori Riuniti, 2005.
____. *Un futuro senza luce?*, Roma, Editori Riuniti, 2004.
PANIKKAR, Raimon. *Pour un pluriversalisme*, Lyon, Parangon, 2007.
PAQUOT, Thierry. *Petit manifeste pour une écologie existentielle*, Paris, Bourin, 2007.
____. *Éloge du luxe. De l'utilité de l'inutile*, Paris, Bourin editeur, 2005.
____. *Terre urbaine. Cinq défis pour le devenir urbain de la planète*, Paris, La Découverte, 2006.
____. *Utopies et utopistes*, Paris, La Découverte, col. Repères, 2007.
PARTANT, François. *Que la crise s'aggrave!*, reed. com prefácio de José Bové e posfácio de Serge Latouche, Lyon, Parangon, 2002.
PASOLINI, Pier Paolo. *Scritti corsari*, Milão, Garzanti, 2005.

PERROT, Marie-Dominique *et al. Ordres et désordres de l'esprit gestionnaire*, Lausanne, Éditions Realités sociales, 2006. Em particular Gilbert Rist, "La nouvelle gestion publique peut-elle être sociale?".

PETRINI, Carlo. "Militants de la gastronomie", *Le Monde diplomatique*, julho de 2006.

PRAT, Jean-Louis. *Introduction à Castoriadis*, Paris, La Découverte, col. Repères, 2007.

RAHNEMA, Majid. *Quand la misère chasse la pauvreté*, Paris, Fayard/Actes Sud, 2003.

RAMAUX, Christophe. *Emploi: éloge de la stabilité. L'État social contre la flexicurité*, Paris, Mille et une nuits, 2006.

RASMUSSEN, Derek. "Valeurs monétisées et valeurs non monétisables" [título original "The Priced versus the Priceless"], in *Interculture* (Montreal), n.º 147, outubro de 2004, "Le terrorisme de l'argent I".

REVEL, Bernard. *Journal de la pluie et du beau temps*, Canet, Trabucaire, 2005.

RIDOUX, Nicolas. *La Décroissance pour tous*, Lyon, Parangon, 2006.

RIFKIN, Jeremy. *La Fin du travail*, Paris, La Découverte, 1996. [Ed. bras.: *O fim dos empregos*, São Paulo, M. Books, 2004.]

RIST, Gilbert. "La nouvelle gestion publique peut-elle être sociale?", in Marie-Dominique PERROT *et al. Ordres et desordres de l'esprit gestionnaire*, Lausanne, Éditions Réalités sociales, 2006.

RIVERA, Annamaria. *La guerra dei simboli. Veli postcoloniali e retoriche sull'alterità*, Bari, Edizioni Dedalo, 2005.

ROBIN, Jacques. *Quand le travail quitte la société post-industrielle*, Paris, GRIT éditeur, 1994.

ROTILLON, Gilles. "L'économie de l'environnement definit um espace de négociation rationnel", *Cosmopolitiques*, n.º 13, Apogée, 2006.

ROUGEMONT, Denis de. *L'Avenir est notre affaire*, Paris, Stock, 1977.

RUFFOLO, Giorgio. "Crescita e sviluppo: critica e prospettive", Falconara/Macerata 8/9, novembro de 2006.

SALHINS, Marshall. *Âge de pierre, âge d'abondance. L'économie des sociétés primitives* (1972), Paris, Gallimard, 1976.

SAS, Eva. "Conversion écologique de l'économie: quel impact sur l'emploi?", *Cosmopolitiques*, n.º 13, Apogée, 2006.

SINGLETON, Michael. "Le coût caché de la décroissance", *Entropia*, n.º 1, p. 53.

STERN, Nicholas. "The Economics of Climate Change, Executive Summary", www.occ.gov.uk/activities/stern.htm, outono de 2006.

TANGUY, Philippe. "Pauvreté et cohésion sociale en Mauritanie. Construction sociale et fonction d'une catégorie stigmatisante: la pauvreté", *Maghreb-Machreck*, n.º 190, 2007.

TARDE, Gabriel. *Fragment d'histoire future*, Genebra, Slatkine, 1980.

TERTRAIS, Jean-Pierre. *Du développement à la Décroissance. De la nécessité de sortir de l'impasse suicidaire du capitalisme*, Paris, Éditions du Monde libértaire, janeiro de 2004; nova edição 2006.

TESTART, Jacques. *Le Vélo, le Mur et le Citoyen. Que reste-t-il de la science?*, Paris, Belin, 2006.

TÉVOÉDJRÈ, Albert. *La Pauvreté ricesse des peuples*, Paris, Éditions ouvrières, 1978. [Ed. bras.: *A pobreza, riqueza dos povos*, Petrópolis, Cidade Nova, 1982.]

TOMKINS, Richard. "Welcome to the Age of Less", *Financial Times*, 10 de novembro de 2006.

TRAORÉ, Aminata. *Le Viol de l'imaginaire*, Paris, Actes Sud/Fayard, 2002.

VEBLEN, Thorstein. *Théorie de la classe de loisir*, Paris, Gallimard, col. Tel, 1970. [Ed. bras.: *A teoria da classe ociosa*, São Paulo, Abril Cultural, 1983.]

VIRILIO, Paul. *L'Espace critique*, Paris, Galilée, 1984. [Ed. bras.: *O espaço crítico*, São Paulo, Ed. 34, 1993.]

____. *La Vitesse de libération*, Paris, Galilée, 1995.

WACKERNAGEL, Mathis. "Il nostro pianeta si sta esaurendo", in Andrea MASULLO (org.), *Economia e Ambiente. La sfida del terzo millennio*, Bolonha, EMI, 2005.

WACKERNAGEL, Mathis *et al.* "Tracking the Ecological Overshoot of the Human Economy", Proceedings of the National Academy of Sciences USA, vol. 99, nº 14, 9 de julho de 2002.

WAAL, Frans de. *Le Singe en nous*, Paris, Fayard, 2006. [Ed. bras.: *Eu, primata*, São Paulo, Companhia das Letras, 2007.]

WWF, Relatório *Planeta vivo 2006*.

ZANOTELLI, Alex. *Avec ceux qui n'ont rien*, Paris, Flammarion, 2006.

ZEV, Jean. "Les limites de la décroissance", entrevista in *La Décroissance*, 13 de janeiro de 2006.

Jornais e revistas

Bulletin Ligne d'horizon, nº 36, agosto-setembro de 2006.

Cahier de l'IUED, nº 14, "Brouillons pour l'avenir: contributions au débat sur les alternatives", Paris/Genebra, PUF, 2003.

Campagnes solidaires, Jornal mensal da confederação camponesa, n.º 182, fevereiro de 2004.

"Peut-on faire l'économie de l'environnement?", *Cosmopolitiques*, n.º 13, Apogée, 2006.

La Décroissance. Le journal de la joie de vivre, Casseurs de pub, Lyon.

L'Écologiste, n.º 8, outubro de 2002; n.º 14, outubro de 2004; n.º 20, setembro-novembro de 2006.

Entropia, Lyon, ed. Parangon, n.º 1, "Décroissance et politique", novembro de 2006; n.º 2, "Travail et Décroissance", março de 2007.

Le Figaro, 24 de março de 2006.

Financial Times, 10 de novembro de 2006.

Le Monde, 22 de novembro de 1991; 2 de abril de 1996; 16 de fevereiro de 2002; 19 de junho de 2003; 14 de fevereiro de 2004; 11 de abril de 2004; 12 de abril de 2004; 16-17 de junho de 2005; 30 de julho de 2006.

Le Monde diplomatique, maio de 2001; julho de 2004; janeiro de 2005.

Le Nouvel Économiste, 26 de março de 2004.

Le Nouvel Observateur, 12-18 de junho de 1972.

Libération, 8 de fevereiro de 2002; 27 de junho de 2005.

Politis, 11 de dezembro de 2003; 14 de dezembro de 2006.

Revue du MAUSS, n.º 24, "Une théorie sociologique générale est-elle pensable?", La Découverte, 2.º semestre de 2004.

Silence, "La peur de la Décroissance", n.º 280, fevereiro de 2002; "Écologie – Alternative – Non violence", n.º 302, outubro de 2003.

Le Soir de Bruxelles, 2 de maio de 2007.

Vert contact, n.º 709, abril de 2004.

WWF, Relatório "Planeta vivo 2006".

Recapitulação de minhas publicações
(artigos e entrevistas) sobre o decrescimento

"Décroissance", in *Le Dictionnaire des sciences humaines*, organizado por Sylvie Mesure e Patrick Savidan, Paris, PUF, 2006.

"Le changement de cap ne se fera pas sans douleur", entrevista em "Peut-on faire l'economia de l'environnement?", *Cosmopolitiques*, n.º 13, Apogée, 2006.

"La Décroissance, pourquoi?", *Vert Contact*, n.º 709 (debate Lipietz), abril de 2004.

"Pédagogie des catastrophes", *La Décroissance*, n.º 1, março de 2004. "Pour une politique de décroissance des transports", *La Décroissance*, n.º 2, abril-maio de 2004.

"Antiproductivisme, Décroissance, Développement durable et Post développement", La Tourette, Centre Thomas More, fevereiro de 2004.

"Pour une sociedade de décroissance", *Le Monde diplomatique*, novembro de 2003.

"Il faut jeter le bébé plutôt que l'eau du bain", IUED, *Nouveaux Cahiers*, n.º 14, "Brouillons pour l'avenir, contributions au débat sur les alternatives" (com minha resposta a Christian Comeliau), 2003.

"Dossier sur la décroissance": debate com René Passet, *Politis*, 11 de dezembro de 2003.

"Pourquoi la décroissance? Le cas aberrant des transports", *Vert Contact*, 2003.

"Contre l'ethnocentrisme du développement. Et la décroissance sauvera le Sud...", *Le Monde diplomatique*, novembro de 2004.

"La décroissance comme préalable et non comme obstacle à une société conviviale", colóquio, Lyon, setembro de 2003.

"Les 'décroisssants': consommer moins, économiser l'énergie", *Enjeux les Échos*, n.º 208, dezembro de 2004.

"Objectif décroissance: La croissance en question", *Campagnes solidaires*, Jornal mensal da confederação camponesa, n.º 182, fevereiro de 2004.

"La foi irrationnelle dans le progrès balaie toute objection", entrevista, *CIO Stratégie et Technologie*, março de 2005.

"Écofascisme ou écodemocratie. Vers la décroissance", *Le Monde diplomatique*, novembro de 2005.

"La décroissance comme condition d'une société conviviale", *Cahiers Jacques Ellul*, L'Économie, L'Esprit du temps, 2005.

"Vivre simplement pour que d'autres, simplement, puissent vivre", entrevista publicada em *Les Concentrés*, jornal da confederação das organizações de juventude, Bruxelas, novembro-dezembro de 2005.

"Penser une société de la décroissance. Entrevista com Emmanuelle Martin", *Alliance pour une Europe des consciences*, n.º 7, janeiro de 2006.

Entrevista sobre o decrescimento, *Ecorev*, Revue critique d'écologie politique, n.º 21, outono de 2005.

"Pour une renaissance du local", *L'Écologiste*, n.º 15, abril-maio de 2005.

"La déraison de la croissance des transports. À bâbord!", Quebec, outubro-novembro de 2005.

Entrevista sobre o decrescimento, *La Dynamo*, revista da APEAS, n.º 37, setembro de 2005.

"Relocaliser l'économie", *La Décroissance*, n.º 28, setembro de 2005.

"Le défi de la décroissance", *Espace de liberté*, n.º 331, Bruxelas, maio de 2005.

"Sortir des pièges de l'effet rebond", *Silence*, n.º 322, abril de 2005.

Nature et Progrès, (revista sobre agricultura e alimentação orgânica), nº 55, novembro-dezembro de 2005-2006. "Politique de décroissance: vivre localement".

"La decrescita", in Giovanna RICOVERI (org.), *Capitalismo Natura socialismo*, Milão, Jaca Book, 2006.

"La déraison de la croissance", in *L'Alpe*, nº 32 (revista do Musée Dauphinois), 2006.

"Faut-il avoir peur d'abandonner la course à la croissance?", Entrevista com Serge Latouche, *Alternatives non-violentes*, nº 138, março 2006.

Entrevista, *Jibrile*, nº 6, Liège, primavera de 2006.